Aldo Bongiovanni

Basta grano!

Come realizzare prodotti da forno eccezionali
con farine alternative e senza glutine

tecniche nuove

©2016 Tecniche Nuove, via Eritrea 21, 20157 Milano
Redazione: tel. 0239090264
e-mail: libri@tecnichenuove.com
Vendite: tel. 0239090440, fax 0239090335
e-mail: vendite-libri@tecnichenuove.com
http://www.tecnichenuove.com

ISBN   978-88-481-3107-0
ISBN (pdf)   978-88-481-8107-5
ISBN (epub)   978-88-481-3197-1

Tutti i diritti sono riservati. Nessuna parte del libro può essere riprodotta o diffusa con un mezzo qualsiasi, fotocopie, microfilm o altro, senza il permesso scritto dell'editore.

All rights reserved. No part of this book shall be reproduced, stored in a retrieval system, or transmitted, by any means, electronic, mechanical photocopying, recording or otherwise without written permission from the publisher.

L'Editore dichiara la propria disponibilità a regolarizzare eventuali omissioni o errori di attribuzione.

Realizzazione editoriale: Mokarta sas, Gorgonzola (MI) – www.studiomokarta.it
Stampa: Rotolito Lombarda, Pioltello (MI)
Finito di stampare nel mese di novembre 2016
Printed in Italy

Questo libro è disponibile e acquistabile in versione digitale su www.tecnichenuove.com

Sommario

Introduzione 1
Capitolo 1 - Panifichiamo 3
    Le farine che generano glutine...4
        Come aumentare l'estensibilità delle farine 5
        Come aumentare la forza delle farine...7
        Come aumentare la tenacità delle farine..8
        Come diminuire la forza delle farine 8
        La regola della croce...9
        Antiche e moderne varietà di frumento: quali differenze? 10
Capitolo 2 - I prefermenti..13
    La biga 14
        Preparazione della biga..14
    Il poolish..15
        Preparazione del poolish..16
    La pasta madre 16
        Preparazione della pasta madre 17
        Informazioni utili...20
        Da pasta madre solida a pasta madre liquida 22
Capitolo 3 - Le materie prime...23
    Gerarchia sistematica..23
    Farro monococcum 25
    Senatore Cappelli 26
    Quinoa 27
        Le tipologie di quinoa 28
        La coltivazione, la raccolta, l'essiccazione e la vagliatura 28

Caratteristiche nutritive della quinoa 28
Kamut® 29
 Dalle origini alla varietà protetta 30
 Dove si coltiva 30
 La distribuzione 31
Teff 31
Orzo 33
Amaranto 33
Miglio 34
Le temperature 35
 Come si prevede la temperatura dell'impasto? 35
Panificazione e farina di segale 36
 Le caratteristiche chimico fisiche 37
 Le attitudini panificatorie 38
 Come migliorare le attitudini panificatorie della farina di segale 39

Capitolo 4 - Miscele senza glutine 41
Gli addensanti 45
 Premessa 45
 Descrizione 45
 Tipologie e caratteristiche 46
Miglioratore naturale 55

Capitolo 5 - Passaggi ripetitivi 59
Le pieghe di rinforzo 59
 Pieghe a 3 o di primo tipo 59
 Pieghe strette, pieghe di secondo tipo o folding 61
Quando vanno infornati i prodotti da forno 63
 Test del dito 63
 Test della pallina 64

Capitolo 6 - Gli accessori 67
Le teglie 67
Le pietre refrattarie 69
 Il gres 70
 Come si pulisce la refrattaria 71
Il forno e il metodo di cottura 71
 Modding 71

Capitolo 7 - Introduzione alle ricette ... 77
Cella di fermentazione ... 78
I consigli di massima ... 79
Gli impasti idratati ... 79
Assorbimento e licoli ... 79
Prodotti da forno senza glutine ... 80

Capitolo 8 - Pane speciale ... 81
Pane 100% Monococcum ... 81
No-Knead Bread – Pane senza impasto ... 85
Pane 100% farro ... 88
Pane 100% orzo ... 91
Pagnotta del Senatore ... 93
Pane 100% segale ... 96
Pane proteico ai legumi ... 99

Capitolo 9 - Pizze e focacce ... 101
Pizza 100% integrale ... 103
Pizza 100% segale ... 106
Pizza di riso senza glutine ... 109
Pizza 100% Kamut® ... 111
Focaccia di farro con poolish ... 114
Focaccia di Kamut® ad alta idratazione ... 116
Pizza stracchino di tofu e rucola ... 121
Focaccia ai cereali senza glutine ... 123
Pizza di tapioca senza glutine ... 125
Focaccia all'arancia dolce ... 127

Capitolo 10 - Pane senza glutine ... 131
Calcolo della quantità di impasto nello stampo ... 132
Pane 100% quinoa ... 133
Pane 100% avena ... 135
Pane 100% avena con pasta madre ... 138
Pane lupini e tapioca ... 142
Pane ai semi di papavero ... 144
Pane Injera ... 146
Pane 100% grano saraceno ... 149

Capitolo 11 - Varie 151
    Cracker integrali 151
    Hamburger di seitan 154
    Kebap vegan 157
    Fette biscottate ai cereali 161
    Pane multicereali gluten free..164
    Grissini ceci e riso 166
    Grissini 100% amaranto senza lievito...169
    Trofie 100% farina di ceci 171
    Orecchiette 100% farina di fave..174
    Panettone senza glutine...177

Bibliografia..181
    Sitografia 182

Introduzione

Ho già dedicato ampio spazio alla preparazione del pane nel mio precedente libro *Tutto sul pane fatto in casa* (Tecniche Nuove) ma, poiché in quel precedente manuale si è parlato solo marginalmente dei prodotti da forno ottenuti da farine alternative a quelle di frumento, ho pensato di dedicare un manuale ad hoc, approfondendo i vantaggi ma soprattutto gli accorgimenti necessari per utilizzare queste farine alternative.

Questo perché vi è tra i panificatori professionali, panificatori amatoriali o "semplici" consumatori di prodotti da forno, l'abitudine di usare/consumare prodotti ottenuti esclusivamente dal frumento (pane di grano tenero, pane di grano duro ma anche biscotti, torte e così via), quando in realtà tali prodotti sarebbero realizzabili, con qualche piccola variante nel metodo di preparazione, con l'ausilio di farine ottenute da cereali alternativi, pseudocereali o legumi, con enormi vantaggi sia per la nostra salute sia per la "salute" dell'ambiente: utilizzare quasi esclusivamente farina di frumento, o prodotti ottenuti con la stessa, implica ovviamente che si coltivi quasi esclusivamente frumento. Ma coltivare in modo massivo la stessa specie botanica, nel nostro caso il frumento ma la regola vale per qualunque specie vegetale (quindi anche mais, riso ecc.), crea le condizioni ottimali affinché gli insetti, le malattie e le malerbe "specifiche" del frumento[1] si sviluppino con estrema vigoria; non sono, infatti, ostacolate nella crescita/riproduzione, come invece accadrebbe se ci fosse una frequente rotazione colturale[2]. Per sopperire a questo problema, gli agricoltori si vedono così costretti a utilizzare, in modo massivo, "protesi chimiche" (insetticidi, diserbanti ecc.) per salvaguardare il loro raccolto! Allo stesso tempo il terreno viene impoverito delle

---

1 Il frumento, come ogni altra pianta, è soggetto a essere attaccato da specifici insetti, funghi, batteri e virus e a dover "competere con le erbe antagoniste (che per la loro crescita sottraggono il nutrimento, la luce, l'acqua e l'aria alla specie coltivata).

2 Coltivazione di specie diverse in alternanza a quella appena raccolta.

stesse sostanze, in quanto ogni specie botanica ha una sorta di "dieta" personale, ovvero ognuna di esse richiede le sostanze di cui si nutre (*azoto, fosforo, potassio* ecc.), in determinate concentrazioni, diverse da specie a specie. Anche qui, impoverendo il terreno di determinate sostanze, diventa necessario integrarle nuovamente con l'uso massiccio di concimi (in gran parte di origine petrolchimica).

Oltre a questi problemi di carattere ambientale, vi sono poi anche quelli di carattere salutistico: il nostro corpo è maggiormente portato a "ribellarsi" alle sostanze con cui viene in contatto più spesso[3], di conseguenza consumare in modo eccessivo il frumento lo predispone a sviluppare un'intolleranza; ne è un esempio la celiachia e la più attuale *gluten sensivity*, la cosiddetta intolleranza al frumento.

Alla luce di ciò è ovvio che le nostre attuali scelte di consumo abbiano riscontri non propriamente positivi su più livelli, ma come possiamo rimediare? Sicuramente un buon punto di partenza è questo libro, grazie al quale imparerete come utilizzare al meglio le farine alternative e come il mito della farina di frumento, in quanto unica materia prima per le preparazioni più diffuse, sia in realtà relegato ai nostalgici del passato!

Infine, cosa accadrebbe se le scelte di consumo si orientassero in misura considerevole sulle farine alternative?

Innanzitutto gli agricoltori inizierebbero a eseguire frequenti *rotazioni colturali* (vengono alternate specie diverse, anche non appartenenti alla famiglia della graminacee)[4], permettendo al terreno di arricchirsi nuovamente delle sostanze saccheggiate dal precedente raccolto e di creare un ambiente sfavorevole agli insetti e alle malattie (specifiche del precedente raccolto). Inoltre, poiché ogni pianta presenta una sorta di **naturale diserbante nei confronti di altre specie antagoniste** (fitotossine), queste ultime sarebbero tenute sotto controllo molto più facilmente, senza doversi affidare all'utilizzo di diserbanti artificiali!

---

[3] Certamente non è una regola ed esiste anche l'intolleranza/allergia alle sostanze con cui non si viene mai a contatto, ma generalmente si è più predisposti all'intolleranza/allergia verso gli alimenti a "consumo massivo": un altro esempio è il latte!

[4] Le avversità determinate dalla monocoltura sono maggiori quanto più la specie botanica coltivata successivamente è simile per esigenze nutritive, danni e malattie. Può essere semplicemente una specie appartenente allo stesso genere (Triticum nel caso del frumento), come per esempio il farro *Triticum turgidum spp dicoccum*, ma diversa per esigenze nutritive e predisposizione a danni e malattie. Se poi cambia il genere e la famiglia, alternando al Triticum una specie appartenente alle *Chenopodiaceae*, come per esempio la quinoa, i benefici non possono che aumentare.

Capitolo 1
Panifichiamo

Dopo aver spiegato l'importanza dell'utilizzo di farine alternative, vediamo come usarle. Innanzitutto, le farine si possono identificare in due grandi macro-categorie:

- **le farine che generano glutine**;
- **le farine senza glutine**.

Le prime sono quelle ottenute dal frumento (tenero e duro), incluse le vecchie varietà di frumento tenero e duro (*Senatore Cappelli, Verna, Gentilrosso, Saragolla, Bidi* ecc.), dal Kamut® (*Triticum turgidum spp turanicum*), dal farro, dall'orzo, dalla segale, dall'avena e dal triticale. Le ultime hanno un glutine debole e poco stabile nel tempo che è paragonabile a una farina senza glutine[1]. Non contengono glutine le farine di mais, riso, sorgo, miglio, panico, teff e fonio e quelle di grano saraceno, quinoa e amaranto.

In linea generale, le farine che generano glutine diverse dal frumento moderno (farro, Kamut® e vecchie varietà), si possono impiegare in modo analogo alle farine ottenute dal frumento moderno[2], eccetto che per il fatto che non tollerano lunghissime ore di lievitazione, a meno che non si adottino processi alternativi (che vedremo). Le farine senza glutine, invece, salvo quando sono impiegate per

---

1 Attenzione! Paragonabile a una farina senza glutine non significa che sia indicata per una dieta senza glutine! Significa solo che si comporta in maniera simile a una farina senza glutine e di conseguenza va utilizzata in maniera differente dal frumento: vedremo in seguito come.

2 Non è del tutto errato coltivare/utilizzare le vecchie varietà di frumento, anche se le implicazioni determinate dalla monocoltura sono in parte valide anche per queste ultime; c'è però da dire che spesso le vecchie varietà conservano delle caratteristiche che le varietà moderne non hanno: possono curiosamente essere più resistenti ad alcune malattie, adeguarsi a terreni molto particolari, essere talvolta tollerate da chi ha una lieve gluten sensivity (non celiachia!!), senza contare che il fatto di ricoltivarle permette di conservarle nel tempo e non farle estinguere.

la preparazione del pan di Spagna e della pasta frolla[3], devono essere miscelate con le prime (per esempio farro e riso, Kamut® e castagne, Senatore cappelli e mais ecc.) oppure vengono usate in purezza con degli addensanti che replichino il glutine mancante (*xhantano*, *guar*, *metolose* ecc.). Per lo meno, questo è quello che probabilmente sapevate prima di acquistare questo libro. Vedremo invece, in questo libro, come in realtà si possano ottenere prodotti da forno eccezionali senza usare addensati (o senza dover impiegare le stesse con farine che generino glutine).

▬ Le farine che generano glutine

Tra le due macro categorie di farine che abbiamo visto in precedenza, le farine che generano glutine sono quelle (per non dire le uniche) maggiormente sottoposte a una valutazione tecnologica. Questa ha lo scopo di prevedere il comportamento di un impasto preparato con tale farina (dalla lievitazione alla cottura) e si articola in diversi indici:

- **W**. Rappresenta la forza della farina, cioè la sua capacità di trattenere l'anidride carbonica a lungo e di resistere agli stress meccanici (lunghi tempi di impastamento), perdendo marginalmente la struttura iniziale. Le farine con W alto (farine forti) sono indicate per la preparazione di prodotti da forno che devono lievitare a lungo, per prodotti che contemplano molti grassi (tipo burro) o per essere miscelate con farine con W molto basso, ovvero deboli (indicate invece per la preparazione di dolci a lievitazione istantanea tipo la pasta frolla e il pan di Spagna, oppure per la preparazione di prodotti da forno che devono lievitare poche ore).
  Impiegare una farina forte per un prodotto che richiede invece una farina debole (tipo pan di Spagna), rende l'impasto poco friabile, poco sviluppato e pesante; viceversa, impiegare una farina debole per un prodotto che richiede una farina forte determina il collasso del glutine, eccessiva collosità dell'impasto e un prodotto pesante.

- **P/L**. Rapporto tra tenacità (P) ed estensibilità (L) della farina. La tenacità esprime la forza che si deve applicare per allungare l'impasto, mentre l'e-

---

3 Se il pan di Spagna o la pasta frolla non dovessero venire, basta semplicemente giocare sulla quantità di uova o burro (nel caso della pasta frolla); una volta trovata la quantità esatta, sia la pasta frolla sia il pan di Spagna saranno eccezionali e soprattutto estremamente friabili. Si può avere qualche difficoltà con la pasta frolla in quanto l'assenza di glutine rende la stessa poco plastica e quindi più facile da rompere nel momento in cui si stende, ma eventualmente si può fare direttamente nella teglia (usando quella antiaderente). Per il pan di Spagna, ciò che è molto importate è che le farine senza glutine impiegate siano molto fini (nel caso della farina di riso è opportuno scegliere la crema di riso, molto più fine). Diversamente, c'è il rischio che il pan di Spagna collassi, diventando concavo all'interno.

stensibilità è la capacità dell'impasto di allungarsi senza rompersi. Farine molto tenaci generano un pane che cresce in altezza e tende a formare delle crepe in cottura (come quello ottenuto con la semola rimacinata di grano duro) e non sono adatte alla preparazione, per esempio, dei grissini stirati. Viceversa, le farine molto estensibili, sono adatte ai grissini stirati, alla preparazione di impasti molto sottili come la pasta fillo, la focaccia di Recco, la pizza/focaccia in teglia molto sottile.

- **Assorbimento.** Esprime la capacità della farina di assorbire acqua ed è legata alla percentuale di proteine (e tipologia), fibre e alla dimensione delle particelle di cui è costituita: una farina macinata fine assorbe più acqua di una farina macinata più grossolanamente (a parità di materia prima di partenza).
- **Stabilità.** Lasso di tempo in cui lo sfarinato mantiene le sue caratteristiche senza denaturarsi: farine ricche di glutine sono generalmente più stabili e possono essere impastate a lungo, farine più deboli vanno invece impastate poco per non denaturarle. Per esempio, la farina di farro va impastata per pochi minuti, meglio ancora se si fanno alcune pause per consentire al glutine di svilupparsi bene senza "induzione" meccanica.
- **Indice di caduta.** Viene anche chiamato *falling number* ed esprime quanto sono attivi gli enzimi amilasici[4], indispensabili per la fermentazione dei lieviti.

Esistono ancora altri parametri che sono usati per classificare una farina che genera glutine (per esempio *zeleny*), ma sono poco utili in casa e possono solamente creare confusione.

Vediamo ora com'è possibile modulare queste caratteristiche.

Come aumentare l'estensibilità delle farine

- **Autolisi.** Si tratta di un procedimento molto semplice in grado di migliorare l'estensibilità e di diminuire i tempi di impasto: utile per evitare il collasso del glutine nelle farine in cui è presente in percentuale ridotta o eccessivamente debole. L'autolisi si pratica impastando brevemente farina e acqua per poi sospendere da un minimo di 30 minuti fino a un massimo teorico di un intero giorno. Una volta terminato il tempo di autolisi, si

---

4   Le amilasi sono degli enzimi che scompongono l'amido in molecole più semplici e più dolci (l'amido è una catena, o meglio, una specie di collana, e gli zuccheri semplici sono porzioni di questa collana). Rispetto all'amido questi zuccheri sono solubili e, se sono presenti in quantità elevata, rendono l'impasto appiccicoso e molto colorato in cottura (caramellano).

impasta nuovamente aggiungendo lievito, sale, acqua (se necessaria) ed eventualmente altri ingredienti previsti (olio, semi oleosi ecc.).

- **Acqua fredda**[5]. Interferisce sulla formazione del glutine rendendolo più estensibile; ottima quando si usano farine molto tenaci (l'acqua deve però essere aggiunta a un impasto in cui vi sia **lievito di birra** e deve essere freddissima, meglio se con un po' di **ghiaccio**).
- **Lievito madre.** Gli acidi che si formano con la lievitazione naturale (principalmente *lattico* e *acetico*) agiscono sulla formazione del glutine. Se nella pasta madre c'è molto acido lattico, l'impasto diventa più estensibile; viceversa, con la presenza massiva dell'acido acetico, diventa tenace. Inoltre gli acidi "frenano" l'attività delle *proteasi*[6], che diminuiscono la "forza" del glutine. I medesimi benefici si ottengono anche con tutti i metodi indiretti conosciuti (biga, poolish ecc.) e, seppur marginalmente, con il lievito madre in polvere, detto anche pasta acida essiccata.
- **Malto.** Conferisce enzimi (*alfa* e *beta amilasi*) e zuccheri semplici (*maltosio, destrine* ecc.). I primi migliorano la saccarificazione dell'amido (la trasformazione in zuccheri più semplici), mentre i secondi attivano in minor tempo la fermentazione dei *lieviti* e intensificano la colorazione della crosta. A livello tecnico, il malto è particolarmente indicato per sostenere le lunghe lievitazioni (dove gli zuccheri semplici vengono esauriti), migliorare l'estensibilità e diminuire la tenacità del glutine. Non va utilizzato con farine dotate di un elevato indice di caduta (*falling number*), salvo che il malto non abbia un potere diastasico[7] nullo.
- **Lecitine (soia, girasole ecc.).** Aumentano la conservazione, migliorano la crosta e rendono omogenea la mollica; agiscono soprattutto sul *P/L*, aumentando l'estensibilità (L) e diminuendo la tenacità (P), in particolar modo se la ricetta prevede una quantità di grassi piuttosto elevata. La sua dose di impiego oscilla tra lo 0,2% e il 2% in relazione alla farina impiegata ma la quantità più usuale è l'1,5% perché solitamente, superata tale soglia, si comincia ad avere un indebolimento della maglia glutinica fino al suo sfaldamento. Dato che non si riesce a emulsionarle efficacemente all'impasto

---

[5] Il motivo per cui l'acqua fredda agisce sull'estensibilità del glutine va ricondotto all'azione del glutatione e dei suoi componenti strutturali (che vengono riversati nell'impasto dal lievito danneggiato in parte o totalmente dall'acqua molto fredda).

[6] Le proteasi sono degli enzimi come le amilasi ma, anziché "attaccare" l'amido (scinderlo/idrolizzarlo), "attaccano" il glutine indebolendolo sempre di più, fino a denaturarlo del tutto e rendere l'impasto una pastella senza consistenza.

[7] Il potere diastasico del malto rappresenta la sua capacità di conferire enzimi e la loro attività; si misura con un indice chiamato unità di Pollack, che esprime la quantità di zucchero semplice (maltosio) che è in grado di formare in una determinata unità tempo.

(rimangono goccioline gialle piuttosto visibili), sono vendute emulsionate ai grassi in polvere.
- **Germe di grano.** Oltre a essere un ingrediente a elevato profilo nutrizionale, è ricchissimo di vitamine, sali minerali e grassi nobili ma soprattutto lecitina. La percentuale di utilizzo è in funzione del prodotto che si vuole ottenere, tuttavia indicativamente si usa dal 5 al 10% sul peso della farina.

Come aumentare la forza delle farine

- **Glutine essiccato.** Innalza principalmente il W e il P/L. Indicativamente, ogni 1% di glutine essiccato aggiunto al peso della farina, innalza di circa 20 il W e di circa 0,05 il P/L.
- **Lievito madre.** Come sopra.
- **Pieghe di rinforzo** (vedi pagina 59). Rafforzano la maglia glutinica in quanto la sovrapposizione dell'impasto la ispessisce e la rende più fitta. In alternativa, si rimpasta nuovamente (rigenero).
- **Sale.** L'impiego ponderato del sale favorisce lo sviluppo dei prodotti da forno lievitati biologicamente[8]. Inoltre, è utile per rinforzare le farine deboli ma solo se viene impiegato immediatamente con gli altri ingredienti, e non verso metà impasto, come viene solitamente suggerito.
- **Farina di fave.** Rafforza il glutine aumentando il W, *la stabilità e l'assorbimento*. La percentuale di impiego suggerita è *l'1%*, in relazione alla farina utilizzata.
- **Tipo di impasto.** L'impasto con metodo manuale (o con l'impastatrice a "forcella") è la soluzione che "scalda" meno e favorisce una buona ossigenazione dell'impasto: la presenza elevata di ossigeno migliora la "forza" del glutine.
- **Destrosio.** Si tratta di uno zucchero semplice molto simile al glucosio che favorisce un'alta produzione di anidride carbonica. Di conseguenza, se viene impiegato negli impasti con una maglia glutinica debole, l'alta produzione di CO_2 riesce a compensare la "mancata" tenuta. Si usa allo 0,5% in relazione alla farina utilizzata nella ricetta. Anche il miele può svolgere un effetto simile ma deve essere un miele molto cristallizzato, come quello di colza, e va usato tra l'1% e l'1,5%.
- **Setacciatura.** La setacciatura della farina sul piano di lavoro è un metodo che ossigena molto la farina (oltre a eliminare eventuali grumi). In alternati-

---

8 Per lievitazione biologica si intende quella indotta da lieviti, batteri o entrambi; si differenzia da quella fisica (la lievitazione delle uova montate), quella per evaporazione (della pasta sfoglia) e quella chimica (indotta dalla polvere lievitante per dolci).

va alla setacciatura è possibile inserire la farina nella vasca dell'impastatrice e farla girare a vuoto per alcuni minuti.
- **Aggiunta farina fresca.** Un impasto eccessivamente lievitato con un glutine eccessivamente maturo può essere recuperato impastandolo nuovamente aggiungendo il 10% di farina fresca (e acqua quanto basta per ottenere la stessa consistenza di prima).

Come aumentare la tenacità delle farine

- **Lievito madre.** Come sopra.
- **Glutine essiccato.** Come sopra.
- **Semola rimacinata di grano duro.** Essendo una farina tenace per natura, se è impiegata in miscela con farine più estensibili, ne diminuisce questa caratteristica.
- **Maturazione.** Le farine che generano glutine, con il trascorrere del tempo tra la macinazione e l'utilizzo, aumentano la *tenacità*, l'assorbimento e la stabilità. La maturazione dovrebbe essere circa di tre settimane. La maturazione implica però alcuni peggioramenti qualitativi (da un punto nutritivo) perché i valori che si modificano sono indotti principalmente dall'irrancidimento dei grassi.

Come diminuire la forza delle farine

- **Tempo di impasto.** Superando il punto pasta (il momento in cui l'impasto è liscio e omogeneo, ovvero formato), si denatura in parte il glutine rendendolo più debole. In pratica, una volta formato, si prosegue ancora per un lasso di tempo utile a indebolirlo sufficientemente.
- **Temperatura.** Aggiungere liquidi freddi come acqua, latte o uova rallenta la formazione del glutine. Per esempio, se per la pasta frolla si usano uova e burro freddo (il burro contiene mediamente il 15% di acqua), si ottiene una frolla più friabile per la mancata formazione del glutine.
- **Farine senza glutine e amido.** Non esiste una percentuale ideale, o meglio, è difficile poterla stabilire con precisione senza gli strumenti che sono in possesso dei mulini (*alveografo di Chopin*), ma si può andare per tentativi fino a quando si è trovata la percentuale ideale. In alternativa, si adotta la regola della croce di seguito illustrata.

La regola della croce

Oltre a tutte le tecniche illustrate sopra, vi è anche la possibilità di ottenere l'indice di forza desiderato miscelando, tramite il calcolo che vedremo, farine con W diversi.

Supponiamo di avere a disposizione due farine, una con un W di 400 e una con W di 180 e di volere ottenere 10 kg di farina con 250 di W.

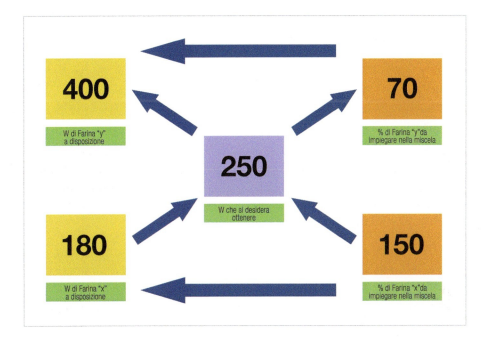

Lungo le diagonali si eseguono le sottrazioni:

250 − 180 = **70**

400 − 250 = **150**

Da questo calcolo si evince quante parti di farina con W 400 vanno impiegate (70 parti) e quanta farina con W 180 va impiega (150 parti), complessivamente 220 parti. Con queste proporzioni alla mano non si è però ancora in condizioni di sapere la quantità da impiegare per ottenere il W desiderato. Allora bisogna fare un altro calcolo, cioè dividere il peso di farina desiderato per le parti:

10/220 = **0,0454**

Il valore ottenuto corrisponde ai kg/parte. Ora basta semplicemente moltiplicare questo valore per le parti di ogni singola farina:

70 x 0,455 = **31,85** (32 kg circa di farina Y con W 400)

150 x 0,455 = **68,25** (68 kg circa di farina X con W 180)

Il metodo sembra complesso e macchinoso ma in realtà è semplicissimo; in ogni caso chi ha un po' di dimestichezza con i fogli di calcolo (Excel, Calc ecc.) può semplicemente trasformare il metodo di calcolo in una formula, oppure visitare il mio blog fysis.it, alla pagina http://bit.ly/1kFFRGf, dove c'è il foglio di calcolo già pronto (scrivere nel modulo di ricerca "previsioni del W").

Questo metodo è anche valido per miscelare una farina senza glutine con una con glutine: basta classificare la farina senza glutine con W 0 (zero).

Inoltre, questo metodo si utilizza per miscelare non solo farine con W diversi ma anche farine con ceneri diverse, farine con P/L diversi, grassi diversi, lieviti diversi ecc.

Antiche e moderne varietà di frumento: quali differenze?

In passato la ricerca sulla coltivazione del frumento è stata incentrata sul miglioramento della produzione, della resistenza alle malattie/patogeni, alla resa in farina (percentuale di farina ottenibile dalla stessa quantità di grano, detto anche tasso di abburattamento), ma soprattutto sul miglioramento delle caratteristiche tecnologiche per la trasformazione (forza, elasticità, tenacità, stabilità). Scarsa attenzione è stata invece posta alle proprietà nutritive e, ancor più, nutraceutiche delle varietà migliorate.

Questa scelta ha però indotto una perdita, nel corso degli anni, di alcune di tali caratteristiche. Uno studio condotto nel 2009[9] ha cercato di individuare le caratteristiche nutritive/nutraceutiche che distinguevano appunto le vecchie varietà di frumento tenero (nel caso dello studio si sono valutate le varietà Inallettabile e Verna) da una varietà moderna, il Palesio, la più diffusa in Emilia Romagna.

A conclusione dello studio si è potuto accertare quello che ci si aspettava, ovvero che effettivamente alcune caratteristiche nutritive/nutraceutiche presenti nelle vecchie varietà si sono perse in quelle moderne (non sempre, ma spesso; questo perché non vi è una diretta correlazione tra la diminuzione delle caratteristiche nutraceutiche/nutritive e l'aumento di produttività, resistenza ecc.). Questi i risultati dello studio:

---

9 Dinelli G., 2009, *Pane della salute progetto di filiera corta per la valorizzazione di antiche accessioni di frumento tenero*, Bologna.

- Il consumo di pane costituto da farine Verna ha determinato un abbassamento del colesterolo totale e LDL (detto anche colesterolo cattivo).
- La varietà Verna presenta una concentrazione di carotenoidi più che doppia rispetto alla varietà moderna Palesio.
- Gli antiossidanti presenti nella varietà Verna erano maggiori di quelli presenti nella varietà Palesio.

Oltre a ciò, la varietà moderna Palesio ha reso maggiormente (4,1 T/h), rispetto alle varietà Inallettabile e Verna (3,1 e 3,2 T/h), anche se la differenza è stata meno marcata. Questo conferma che i metodi di coltivazione a basso input (biodinamico e biologico), applicati a varietà moderne ad alto rendimento, esprimono rese analoghe alle varietà a basso rendimento.

Capitolo 2
I prefermenti

Esistono principalmente tre processi di panificazione, che prendono il nome di *diretto*, *semidiretto* e *indiretto*.

Il metodo *diretto* è il metodo di panificazione che prevede l'unione di tutti gli ingredienti insieme (farina, acqua, sale, lievito ed eventualmente olio, se è previsto).

Il metodo *semidiretto* è identico al diretto ma il processo di fermentazione è "aiutato" da una piccola porzione di impasto del giorno prima. Per esempio, supponiamo di preparare 15 kg di impasto: 3 kg dello stesso (lievitato ma non cotto) lo mettiamo da parte (in frigo o a temperatura ambiente), i restanti 13 kg li utilizziamo per fare il pane come abitualmente. Se il giorno dopo volessimo panificare altri 10 kg di farina, anziché usare il solito 2% di lievito di birra fresco sul peso della farina (quantità che si usa normalmente), ne usiamo solo lo 0,5% e aggiungiamo i 3 kg di impasto del giorno prima. Così facendo impieghiamo molto meno lievito ma otteniamo una lievitazione più "completa"[1] dell'impasto; inoltre, il pane sarà più gradevole e si conserverà più a lungo.

Infine per quanto riguarda il metodo *indiretto*, procediamo in modo simile al semidiretto, ma, anziché prendere un pezzo di impasto lievitato del pane del giorno prima, ne prepariamo uno ad hoc; questo impasto (*prefermento*) può essere fatto in tre modi diversi e viene chiamato in tre modi diversi: biga, poolish e pasta madre. Dei tre, l'unico prefermento che richiede più tempo (non è sufficiente il giorno prima) è la *pasta madre*, ma dedicheremo il giusto spazio per descriverla. Vediamo innanzitutto i primi due *prefermenti*.

---

1 Per lievitazione più completa si intende in realtà la maturazione, ovvero il processo chimico-fisico (*proteolisi* e *idrolisi*) in cui le proteine, i carboidrati e i grassi vengono scomposti nei componenti di cui sono costituiti, diventando più digeribili. Inoltre, l'*acido fitico*, sostanza che impedisce ad alcuni *ioni metallici* di essere assorbiti (ferro, zinco, iodio), viene disattivato.

La biga

La biga si ottiene semplicemente impastando farina, acqua (di solito il 45% del peso della farina, ma dipende dall'assorbimento della stessa) e lievito di birra fresco all'1% (sempre sul peso della farina). La biga deve avere una temperatura finale di 18 °C e va fatta lievitare, per un tempo variabile compreso tra 10 e 24 ore, a una temperatura di 18 °C.

Preparazione della biga

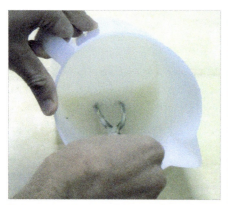

1. Sciogliere il lievito di birra nell'acqua.

2. Aggiungere la farina.

3. Lavorare gli ingredienti molto brevemente.

4. Coprire e lasciar lievitare/fermentare per le ore previste.

I prefermenti

5. A maturazione ultimata, si presenterà molto gonfio e con un'alveolatura abbondante.

N.B. Sebbene la temperatura finale della biga sia 18 °C, come quella di lievitazione, nelle ricette che vedremo in seguito ci sono anche casi in cui la temperatura è diversa, come è diversa la temperatura di lievitazione (e la quantità di lievito); questo perché la farina o il processo indicato sono insoliti rispetto a una preparazione ordinaria.

■ Il poolish

Il poolish è invece un impasto costituito da farina e acqua in egual misura, con una percentuale di lievito variabile a seconda del tempo di lievitazione prescelto.

Di seguito è riportata la quantità di lievito necessaria in funzione delle ore che si desidera far lievitare il poolish.

- **2% per 2 ore** (corrisponde a 20 g ogni kg di farina).
- **1,5% per 4-5 ore** (corrisponde a 15 g ogni kg di farina).
- **0,5% per 7-8 ore** (corrisponde a 5 g ogni kg di farina).
- **0,2% per 10-12 ore** (corrisponde a 2 g ogni kg di farina).
- **0,1% per 15-18 ore** (corrisponde a 1 g ogni kg di farina).

Maggiori saranno le ore di lievitazione del poolish, migliore sarà la qualità dei prodotti da forno con esso ottenuti.

Preparazione del poolish

1. Stemperare il lievito di birra nell'acqua.

2. Aggiungere la farina e miscelare...

3. ... fino a quando si è ottenuto un composto omogeneo.

4. Ecco come si presenta una volta maturo: molto sviluppato e leggermente concavo al centro.

La pasta madre

La pasta madre è un lievito di pasta acida naturale ottenuto dalla fermentazione spontanea di farina e acqua (facoltativamente con altri ingredienti). Rispetto alla biga e al poolish, in cui troviamo quasi esclusivamente *saccaromyces cerevisiae* (lievito di birra), nella pasta madre troviamo invece una microflora contaminante autoctona costituita da numerose tipologie di batteri (lattici, aceti ecc.) e numerose tipologie di blastomiceti o lieviti. La differenza microbiologica che intercorre tra la stessa e i prefermenti costituiti da lievito di birra genera prodotti da forno con un sapore e una profumazione senza eguali. Inoltre, l'impiego di pasta madre aumenta la conservazione nel tempo delle preparazioni (pane, pizza e focaccia diventano raffermi più lentamente) e aumenta la biodisponibilità di alcuni sali minerali: *calcio, ferro* e *zinco*.

N.B. I prefermenti intesi come biga, poolish e pasta madre si impiegano, indicativamente, in quantità molto variabile: da un minimo del 15% sul peso della farina, ovvero 150 g ogni kg di farina, fino al 90%, anche se la media si attesta sul 30%.

Preparazione della pasta madre

Rispetto alla preparazione illustrata nel mio precedente libro *Tutto sul pane fatto in casa*, ovvero la pasta madre solida (quella più comune), questa volta esamineremo invece una variante molto più diffusa negli ultimi tempi: il lievito madre liquido, meglio conosciuto come li.co.li o licoli (abbreviazione di lievito in coltura liquida) ma anche come metodo ALAN (tutti sinonimi che indicano lo stesso metodo).

Si tratta di un lievito madre che presenta numerosi vantaggi: sviluppa i prodotti da forno in meno tempo (anche il 50% in meno rispetto a un lievito madre solido), è meno acido, si rinfresca in pochissimo tempo, sporcando pochissimo (basta aggiungere l'acqua e la farina direttamente nel contenitore di conservazione e miscelarle con un cucchiaio) e, inoltre, si conserva per un lungo periodo tra un rinfresco e l'altro (vedremo successivamente cosa significa rinfresco).

Indipendentemente dalla tipologia di lievito madre (solido o liquido), la preparazione è molto semplice ma allo stesso tempo lunga e delicata. È semplice perché può bastare la miscelazione di acqua e farina, lasciando poi il composto a temperatura ambiente affinché si sviluppino i batteri e i lieviti presenti nell'aria, nella farina e nell'acqua; è lunga e delicata perché occorre circa un mese affinché la madre sia in grado di generare un buono sviluppo dei prodotti da forno (e in un tempo ragionevole). Molto spesso, quindi, accade che, per favorire la crescita dei microrganismi e avere la madre matura in minor tempo (come se fosse passato un mese), si utilizzino sostanze che introducono non solo microrganismi vivi, ma anche i prodotti del loro metabolismo (sebbene questi ultimi non inficino la velocità di maturazione).

Generalmente si utilizza yogurt per la presenza naturale di batteri lattici (anche se la coltura microbica dello yogurt non è proprio la stessa che si riscontra nelle madri!), oppure frutta ben matura (pesca frullata, mela frullata, succo di uva ecc.), ma anche un pomodoro maturo schiacciato va molto bene; aggiungendo, però, ingredienti diversi rispetto alla sola farina e acqua, oltre ai batteri/lieviti desiderati, si possono introdurre nella madre anche batteri acetici e altri contaminanti non sempre graditi.

La pasta madre è pronta quando triplica il suo volume in 3-4 ore a temperatura ambiente (20-22 °C) ma, per mantenerla viva, va rigenerata con rinfreschi giornalieri o a giorni alterni oppure, se conservata in frigo, tra i 7 e i 15 giorni (anche se, da prove empiriche, il lievito in coltura liquida mantiene la sua attività senza rinfreschi anche per oltre 1 mese).

L'operazione di rinfresco consiste semplicemente nell'aggiungere alla "madre" una pari quantità in peso di farina e acqua, per esempio:

1. Lievito di pasta acida naturale 1000 g
2. Farina 500 g
3. Acqua 500 ml (max a 24 °C)

A questo punto, in base alle necessità, si può procedere con:

- La conservazione della madre a temperatura ambiente per 24 ore, per poi, l'indomani (o al max 2 giorni dopo), operare un altro rinfresco di mantenimento, con le stesse modalità descritte.
- La conservazione della madre per 4 ore a temperatura ambiente e poi in frigo tra i 7 e i 15 giorni.

Se si decide di conferire più "forza" (vigoria ai microrganismi presenti), si pratica un rinfresco ogni 4 ore, anche se la variabile tempo può subire variazioni in base alla "forza"; questo vuol dire che non necessariamente devono trascorrere 4 ore tra un rinfresco e il successivo ma, se il lievito è "pronto", si può procedere benissimo al rinfresco successivo anche se sono passate soltanto 3 ore, 3 ore e mezzo!

L'operazione di rinfresco permette alla coltura di usufruire di un nuovo apporto di nutrienti e di acqua, di eliminare parte dei metaboliti (sostanze derivanti dal loro metabolismo), di rinnovare la coltura dei microrganismi, di perpetuare le fermentazioni in atto, oltre a stimolare lo sviluppo e la crescita dei batteri lattici e dei lieviti già presenti.

I prefermenti

1. Sciogliere la farina nell'acqua tiepida, coprire e lasciar riposare per due giorni.

2. Rinfresco n.1. Aggiungere nuovamente l'acqua tiepida e la farina, coprire e lasciar riposare per due giorni.

3. Rinfresco n.2. Aggiungere nuovamente farina e acqua (dovrebbero già presentarsi delle bolle in superficie).

4. Rinfresco n.3. Aggiungere nuovamente la farina, l'acqua e miscelare.

5. Al sesto giorno le bolle saranno più abbondanti e la pastella avrà raddoppiato il volume rispetto all'ultimo rinfresco.

Informazioni utili

- **Devo coprire il contenitore in modo tale che non passi né ossigeno né umidità?**
  Si potrebbe anche non farlo ma è consigliabile, in quanto si evita la formazione della crosta e l'eventuale contaminazione da microrganismi indesiderati. In ogni caso sono condizioni differenti che danno luogo a microrganismi differenti aerobi (con ossigeno) e anaerobi (senza ossigeno). La scelta è personale e dipende dalle caratteristiche sensoriali che si vuole conferire alla madre.

- **Se il contenitore fosse invece sigillato ermeticamente si forma ugualmente?**
  Come abbiamo visto prima, non ci sono problemi. Questa condizione favorirebbe ovviamente lo sviluppo di microrganismi anaerobi e l'inibizione/mancato sviluppo di quelli aerobi.

- **Che temperatura deve avere l'acqua impiegata per la preparazione della pasta madre?**
  Solitamente la temperatura deve essere inferiore ai 24 °C ma, variandola, si possono rallentare/velocizzare i processi metabolici di determinati microrganismi presenti nella stessa madre. In linea di massima l'acqua più fredda favorisce lo sviluppo dei batteri acetici (produttori di acido acetico) e, viceversa, l'acqua tiepida favorisce lo sviluppo dei batteri lattici (produttori di acido lattico).

- **In che misura impiego la pasta madre?**
  La percentuale è molto variabile e dipende dalle caratteristiche sensoriali che si desiderano ottenere per la preparazione da forno (più se ne impiega, più sapore "acido" si conferisce alla preparazione).
  Anche il livello di forza determina il quantitativo da utilizzare: una "madre" molto forte andrà impiegata in quantità minore, mentre una "madre" giovane e debole andrà impiegata in misura maggiore. In ogni caso solitamente se ne impiega il 30% sul peso della farina, come già indicato.

- **Cosa accade se ne impiego troppa o troppo poca?**
  In quantità eccessiva si avrà un'acidità molto forte, un sapore sgradevole e una consistenza gommosa del prodotto finito; in quantità insufficiente si avrà invece un pane poco sviluppato, compatto, insipido e che richiederà un tempo di fermentazione eccessivamente lungo.

- **Dove conservo la pasta madre?**
  Si può conservare a temperatura ambiente (18-20 °C), rinfrescandola giornalmente o a giorni alterni, oppure in frigo, rinfrescandola indicativamente una volta a settimana (o oltre).

- **Dopo il rinfresco la metto immediatamente in frigo?**
  Bisogna lasciarla, possibilmente coperta, per 3-4 ore a temperatura ambiente (meglio a 28 °C) per favorire un maggiore sviluppo dei microorganismi (specialmente quelli lattici) e solo successivamente metterla in frigo. Occorre inoltre assicurarsi di toglierla dal frigorifero almeno 2-3 ore prima del rinfresco.

- **Che differenza c'è tra lievito madre, pasta acida, pasta madre, crescente, lievito di pasta acida naturale?**
  Sono definizioni diverse che indicano lo stesso prodotto.

- **Molte ricette suggeriscono l'impiego della farina di segale; ci sono dei vantaggi?**
  In questo cereale, e di conseguenza nella sua farina, sono presenti molti *batteri acetici* che conferiscono alla pasta madre un sapore più acetico e, per molti, meno gradevole rispetto al sapore dell'acido lattico.
  Poiché l'acido acetico deve essere presente in misura minore rispetto a quello lattico (1:3), è bene non eccedere nell'uso di questa farina. Inoltre, l'acidità non deve essere eccessiva, indicativamente intorno a 4,2 di pH.

- **Durante la conservazione della pasta madre si è separata la farina dall'acqua (che è in superficie)?**
  È normale, basta semplicemente mischiarla nuovamente.

- **In cosa consiste il "rinfresco"?**
  Con questo termine si intende il procedimento che, a seconda del tipo di conservazione, viene praticato con cadenza giornaliera/settimanale sulla pasta madre. Il rinfresco consiste semplicemente nell'aggiungere acqua e farina al lievito madre. Aggiungere acqua e farina vuol dire rinfrescare la coltura microbica presente in esso e garantire la sopravvivenza dei microrganismi mediante, appunto, la somministrazione periodica di nuove sostanze nutritive e acqua. Se non si rinfrescasse la pasta madre, si arriverebbe alla morte della coltura interna principalmente per accumulo dei metaboliti (sostanze di rifiuto) ed esaurimento delle sostanze nutritive.

- **Quale vantaggio/svantaggio si ha impiegando farine integrali/bianche?**
  Principalmente si ha una differenza sulla "forza", come illustrato prima, ma non solo; le farine che contengono ancora alcune tracce di crusca sono più propense a sviluppare batteri lattici (i migliori) durante la fermentazione, poiché è proprio in quella zona del chicco che si "annidano" maggiormente. Inoltre, la presenza di crusca garantisce anche un modesto quantitativo di sali minerali e vitamine necessari ai batteri e ai lieviti per svilupparsi.

N.B. In molte ricette si utilizza un'unica farina (grano saraceno, avena, segale ecc.) e lievito naturale; ovviamente, per ottenere un pane costituito da un'unica farina, è necessario che il lievito naturale sia costituito dalla medesima farina!

Da pasta madre solida a pasta madre liquida

Dato che nelle ricette di questo libro si utilizzerà esclusivamente la pasta madre liquida, è opportuno sapere come poter replicare tali ricette nel caso si disponesse solamente di quella solida.

Innanzitutto quest'ultima è generalmente costituita dal 55% di acqua (in media!), ovvero 55 ml di acqua ogni 100 g di farina, mentre il licoli è costituito da circa il 100% di acqua (in media), ovvero 100 ml ogni 100 g di farina. Per la conversione basterebbe aggiungere una quantità d'acqua tale da rendere il composto liquido ma, idratandolo in questo modo, in realtà si diluisce solo il lievito madre e questo perderà molta "forza" (che tornerà ad avere solo dopo un paio di rinfreschi); se si desidera, invece, non perderla, è necessario fare un'idratazione graduale, prima al 70%, poi all'85% e infine al 100%. Ecco come fare:

Rinfresco al 70%

Lievito madre solido x 0,59 = Farina da aggiungere

Lievito madre solido x 0,41 = Acqua da aggiungere

Rinfresco all'85%

Lievito madre solido x 0,54 = Farina da aggiungere

Lievito madre solido x 0,46 = Acqua da aggiungere

Rinfresco al 100%

Lievito madre solido x 0,50 = Farina da aggiungere

Lievito madre solido x 0,50 = Acqua da aggiungere

Facciamo un esempio: supponiamo di avere 100 g di lievito madre solido, aggiungiamo a questo 59 g di farina (100 x 0,59) e 41 ml di acqua (100 x 0,41), lasciamo riposare 4 ore e poi aggiungiamo 108 g di farina (200 x 0,54) e 92 ml di acqua (200 x 0,46), quindi lasciamo riposare 4 ore e infine aggiungiamo 200 ml di acqua (400 x 0,5) e 200 g di farina (400 x 0,5). In questo modo otteniamo 800 ml di licoli attivo.

Capitolo 3
Le materie prime

In questo capitolo passiamo al vaglio tutti i cereali (pseudo-cereali e legumi) contemplati nelle ricette che vedremo in seguito, evidenziando le peculiarità che li distinguono. Il capitolo è volutamente incentrato esclusivamente su quelli illustrati nelle ricette; chi volesse approfondire ulteriormente può acquistare il libro *Tutto sul pane fatto in casa* ma soprattutto *Prodotti naturali dalla A alla Z* (entrambi editi da Tecniche Nuove).

Gerarchia sistematica

Poiché più volte nel testo verrà citato il nome latino delle varie piante, nonché la famiglia di appartenenza, la varietà ecc., è opportuno aprire una piccola parentesi sul significato di queste definizioni/classificazioni in modo da non fare confusione.

Generalmente, per identificare una pianta (e non solo) si utilizza il **nome volgare** della stessa, detto anche nome comune o nome vernacolare. Per esempio, granoturco (o mais) è il nome volgare di *Zea mays L.*, il nome scientifico. Quest'ultimo è costituito da due o tre parti: il nome del genere (*Zea*), quello della specie (*mays*) e, facoltativamente, quello dello studioso che ne definì il nome (L. che sta per **Carlo Linneo**); per convenzione internazionale, il nome scientifico va scritto in corsivo e con iniziali maiuscole (a eccezione del nome della specie). Non esistono criteri precisi nell'assegnazione del nome di una nuova specie o di un nuovo genere, anche se tendenzialmente si cerca di dare un nome che ricorda una caratteristica della stessa, per esempio *Vitis vinifera* è la vite produttrice di vino.

Nella tabella sottostante vi è un esempio di classificazione:

PRINCIPALI CATEGORIE	ESEMPIO	SIGNIFICATO
Sottospecie	*Triticum turgidum spp turanicum* (Kamut® o grano Khorasan)	Identifica un insieme di individui abbastanza simili tra di loro e tali da poterli collettivamente distinguere dalla specie di appartenenza.
Specie	*Triticum turgidum L. durum* o *Triticum durum* (grano duro)	Piante con similitudini tali da potersi annoverare nella medesima categoria, la specie appunto.
Genere	*Triticum*	La definizione esatta di genere è complessa e non sempre univoca. In linea di massima, specie diverse appartenenti allo stesso genere hanno una serie di caratteristiche comuni, ma non possono incrociarsi (esistono però casi rari di riproduzione).
Famiglia	Graminacee o Poacee	Piante che presentano caratteristiche simili ma non a tal punto da far parte dello stesso genere.
Classe	Monocotiledoni (o Liliopsida)	La classe può essere monocotiledoni (come in questo caso) o dicotiledoni. Le differenze tra le due classi sono numerose, ma, sintetizzando molto, possiamo dire che le monocotiledoni sviluppano una sola foglia dal seme, le dicotiledoni ne sviluppano due.
Sottodivisione	Angiosperme	Sono piante più evolute rispetto alle gimnosperme e presentano un seme racchiuso in un frutto.
Divisione	Spermatofite	Ovvero piante con il seme (embrione). Elemento che non è un organo riproduttivo ma un elemento di conservazione e diffusione.
Regno	Vegetale	La più grande macrocategoria di cui fanno parte tutte le piante.

Dalla tabella si denota che più **specie** affini formano un **genere**, più generi insieme formano una **famiglia** e così via, fino ad arrivare al **regno**.

CURIOSITÀ Nonostante sia stato usato come esempio il grano duro, sorprende il fatto che non vi sia indicazione del termine cereale; questo perché "cereale/cereali" non è una classificazione botanica ma letteraria.

Farro monococcum

Si tratta di un frumento diploide[1] molto antico, probabilmente il primo cereale a essere stato coltivato intenzionalmente dall'uomo, per poi essere abbandonato nel corso dei secoli per via di alcune sue caratteristiche agronomiche e morfologiche che lo rendono poco adatto alla coltivazione agroindustriale (intensiva).

Per esempio, ha un gambo (*fusto*) molto alto che, in presenza di vento, viene piegato (allettato) rendendo difficile la raccolta[2], condizione, questa, ulteriormente peggiorata dal fatto che il chicco si stacca facilmente dalla pianta (*rachide* fragile). Inoltre, come tutte le varietà di farro che vedremo, necessita di una decorticazione meccanica per separare la glumella esterna (una pellicina che lo riveste), che rappresenta mediamente oltre il 40% del suo peso.

Ciò nonostante, il farro Monococcum è stato nuovamente rivalutato, alla luce di alcune sue caratteristiche molto "appetibili": si adatta a terreni in cui generalmente il frumento moderno fatica a crescere (terreni poveri di elementi nutritivi), è resistente a molti patogeni (responsabili di una riduzione drastica del raccolto nei frumenti moderni tipo *ruggini, oidio, septoria, virus* ecc.), contiene **molte proteine** (dal 15 al 18%), contiene antiossidanti utili per contrastare le malattie degenerative (*luteina, beta carotene, vitamina E*), sali minerali (tra cui **zinco** e **ferro**) ed è infine un cereale **molto gradevole** da un punto di vista organolettico, sia consumato tal quale, sia nei prodotti da forno sotto forma di farina.

---

1 Sulla base del numero di cromosomi (piccole porzioni di materiale genetico che insieme formano il DNA) presenti in una cellula (animale o vegetale), in biologia vi è una classificazione ben specifica: aploide, diploide e poliploide (che si dividono ulteriormente in triploide, tetraploide e così via). La differenza che intercorre tra una classificazione e l'altra è il numero di queste porzioni di DNA (cromosomi) e, man mano che aumentano, si suppone che la cellula sia più evoluta. Nel caso del farro monococcum, essendo diploide (2N) esso è meno evoluto del frumento tenero e duro, che sono esaploidi (6N).

2 La raccolta dei cereali (e non solo) nei campi coltivati non avviene più a mano, come nei secoli scorsi, ma è affidata a macchine chiamate mietitrebbie (perché mietono, cioè raccolgono, e trebbiano, cioè separano la paglia e la pula). Le mietitrebbie sono grandi macchinari dotati di un pettine nella parte anteriore che afferra e raccoglie il cereale. Il pettine viene posizionato a una determinata altezza (che può essere variata dall'operatore che la manovra), ma non può afferrare le piante che sono cadute e pertanto sono a livello del terreno. Per questo motivo, parte del farro monococcum, il cui stelo si è piegato, non viene raccolto e rimane nel campo.

Senatore Cappelli

Il Senatore Cappelli è una vecchia varietà di frumento duro, venuto nuovamente alla ribalta negli ultimi anni. Ma perché tanto interesse verso questa vecchia varietà di grano duro?

Gran parte dell'interesse deriva sicuramente dal buon sapore delle preparazioni ottenute con gli sfarinati di questo grano, ma anche dal desiderio di riutilizzare antiche varietà dimenticate e dalla maggiore affinità presentata dalle antiche varietà (in genere, ma non sempre) con l'agricoltura a *basso input* (biologica, biodinamica)[3].

Il grano duro Senatore Cappelli fu "selezionato" da un agronomo della provincia di Macerata, **Nazareno Strampelli**, il primo a sperimentare la tecnica di *ibridazione*, ovvero una tecnica di selezione (*incrocio varietale*) che consiste nell'interrompere la naturale autofecondazione del grano (*autogamia*), per poi indurla con una varietà differente (dalla quale si vuole acquisire particolari caratteristiche). In quegli anni, però, non era praticata unicamente quel tipo di selezione, ma ne esisteva una seconda, il *selezionismo*, portato avanti da un altro agronomo, **Francesco Todaro**. Questo tipo di selezione portò però risultati meno interessanti, visto che il selezionismo si limitava a raccogliere solo le piante della stessa varietà ritenute migliori, senza "sfruttare" caratteri presenti in altre varietà: con l'ibridazione Strampelli poteva invece ottenere nuove caratteristiche, acquisendole appunto da altre varietà.

Agli inizi del Novecento Strampelli cominciò a studiare il frumento con l'obiettivo di migliorarlo, sia qualitativamente sia produttivamente.

Nella metà del XIX secolo il grano più diffuso era il **Rieti Originario**, un frumento molto resistente alle malattie (in particolare a una malattia chiamata *ruggine*), ma eccessivamente alto da piegarsi con il vento (*allettamento*) e determinare così, spesso, una riduzione del raccolto (lo stesso problema presentato dal farro monococcum, che abbiamo visto poc'anzi). La volontà di Strampelli fu quindi di indurre dei cambiamenti favorevoli al Rieti, per esempio creando una varietà più produttiva, più resistente alla ruggine ma non eccessivamente alta, cosa che con il metodo di Todaro (selezionismo) non era possibile.

Così Strampelli raccolse oltre 250 varietà diverse di frumento in diversi parti del mondo e, con numerosi incroci, realizzò il primo frumento di "successo", il

---

[3] Le varietà recenti di qualunque specie (dalle piante da frutto al frumento) sono state selezionate sulla base di varie caratteristiche, ma presupponendo sempre di essere destinate all'agricoltura convenzionale (la quale prevede l'uso, di solito massivo, di insetticidi, diserbanti e concimi). Le vecchie varietà, al contrario, sono state sviluppate in tempi in cui tali sostanze chimiche non erano utilizzate o lo erano in maniera molto blanda.

grano **Artido**, ottenuto incrociando il Rieti Originario con la varietà *Wilhelmina Tarwe* olandese (varietà ad alta produttività) e successivamente con la varietà *Akakomugi* giapponese (poco produttivo ma molto più basso e con una maturazione precoce).

La varietà Ardito, maturata 15-20 gg prima del Rieti, era alta solo 80-100 cm, resisteva al freddo, alla ruggine ed era molto produttiva. Così, grazie a questa nuova varietà, Strampelli riuscì ad aumentare la produzione di frumento in Italia dai 44 milioni di quintali del 1922 agli 80 milioni del 1933, espandendo, in contemporanea, solo marginalmente la superficie coltivata.

Nel 1907 il deputato del Regno d'Italia Raffaele Cappelli permise a Strampelli di effettuare delle semine sperimentali su alcuni campi di sua proprietà a Foggia, luogo in cui Strampelli selezionò e incrociò molti grani duri autoctoni del Sud Italia, delle Isole e di altri paesi del Mediterraneo, fino a quando, nel 1915, selezionò una varietà autunnale di frumento duro derivato dal tunisino *Jenah Rhetifah*, varietà che prese il nome di Cappelli nel 1923, in onore appunto del deputato Cappelli, divenuto poi Senatore. Strampelli realizzo altre varietà, oltre al Cappelli, cioè il Milazzo e il Tripolino, ma fu il Senatore Cappelli a riscuotere il successo maggiore.

Nonostante fosse alto, aveva una produttività decisamente maggiore delle varietà precedenti e questo bastò per renderlo così interessante da dedicare alla sua coltura fino al 60% della superficie italiana (a grano duro).

Nonostante l'ottimo lavoro, Strampelli non conseguì la notorietà che meritava perché fece poche pubblicazioni scientifiche, né richiese *royalties* per lo sfruttamento del grano da lui selezionato; ciò nonostante, rimane senza dubbio un grande della nostra storia!

Quinoa

Negli ultimi anni si sente parlare sempre più di quinoa e ogni giorno il mercato sforna nuovi prodotti a base di questo pseudocereale. Vediamo di fare un po' di luce sulle sue caratteristiche e sulle eventuali destinazioni d'uso.

La quinoa (*Chenopodium quinoa Willd.*) è una pianta erbacea della famiglia delle *Chenopodiaceae*, di cui fanno parte anche la **barbabietola** e gli **spinaci**; non è pertanto un cereale, sebbene la destinazione d'uso sia spesso analoga.

Attualmente la quinoa viene coltivata in Ecuador, Bolivia, Asia e Africa ma, sebbene la più diffusa varietà sia la Real, ovvero la quinoa di colore grigio/giallo, al mondo ne esistono oltre 200 varietà.

Le tipologie di quinoa

Delle 200 varietà esistenti, le più comuni, oltre alla *Real*, sono la *Bear, Cherry Vanilla, Cochabamba, Dave 407, Gossi, Islunga, Kaslala, Kcoito, Linares, Rainbow, Red Head* e *Temuco*. Queste varietà si classificano in base a numerosi parametri differenti, tra cui il luogo di coltivazione ideale (*Valley, Altiplanic, Salar, Sea level* e *Subtropicale*).

Per esempio, le varietà Valley crescono ottimamente in valle, le Altiplanic sopra i 4.000 metri, le Salar intorno ai 4.000 metri (con terreno a pH alcalino e particolarmente salino), le Sea level nelle regioni del Cile meridionale e, infine, la subtropicale cresce nelle valli interne della Bolivia. Le varietà di quinoa si dividono, inoltre, sulla base del colore del seme: si può, infatti, trovare la varietà rossa, bianco, beige, giallo chiaro, marrone chiaro o nera.

La coltivazione, la raccolta, l'essiccazione e la vagliatura

La quinoa è seminata nel periodo delle piogge (tra ottobre e novembre) e solitamente non è supportata con fertilizzanti chimici, erbicidi e pesticidi, ma il terreno viene arricchito con un compost ottenuto dagli scarti delle comunità che la coltivano. La raccolta avviene al mattino presto, quando la pianta non è ancora completamente asciutta (quando c'è ancora un po' di brina), in modo da preservare il seme dalla caduta a terra. L'essiccazione, invece, avviene disponendo inizialmente le piante in covoni e lasciandole poi essiccare per 7-15 giorni.

Vengono infine sbattute insieme, su una grande coperta, affinché i semi si stacchino e si possano raccogliere, oppure utilizzando una trebbiatrice. La quinoa è poi raccolta e privata dei residui della pianta che sono presenti nel seme (foglie secche, pezzettini di legno). Talvolta, se i semi non sono ancora sufficientemente secchi, sono esposti al sole e rimestati, oppure essiccati con dell'aria calda.

Caratteristiche nutritive della quinoa

Come i cereali, anche la quinoa presenta una percentuale piuttosto elevata di amido, oltre il 60%, e un contenuto di proteine che oscilla tra il 12 e il 18%, mentre i grassi variano tra il 4,1% e l'8,8%. I sali minerali presenti sono invece principalmente potassio e fosforo. Per quanto riguarda le vitamine, nella quinoa troviamo quelle del gruppo B e la E. Le sue proteine coprono quasi completamente il fabbisogno umano, ma presentano una limitazione, sulla base degli standard FAO e OMS, sulla *lisina* (nonostante la quantità sia superiore a quella contenuta solitamente nei legumi e nei cereali) e sulla *leucina* (questa limitazione non vale però per i bambini tra i 10 e 12 anni).

I carboidrati sono mediamente presenti nella percentuale del 74% (compreso l'8,5% di fibre, di cui quelle solubili oscillano tra l'1,3% e il 6,1%). I lipidi sono in concentrazione medio elevata, compresa tra il 2% e il 9%, una concentrazione nettamente superiore ai cereali. Ovviamente, come gran parte dei vegetali, sono grassi insaturi (i migliori per l'uomo) ma più soggetti ad alterarsi facilmente (irrancidimento); tuttavia, grazie alla presenza abbondante di vitamina E (*tocoferolo*), sono "salvaguardati".

Nella quinoa troviamo in abbondanza sali minerali, in misura superiore ai cereali (tranne il fosforo rapportato all'avena): potassio, calcio, fosforo e magnesio. Le vitamine presenti sono la già citata vitamina E, ma troviamo anche la A, la C e quelle del gruppo B. Nella quinoa troviamo anche, oltre a queste numerose sostanze "benefiche", alcuni fattori anti nutrizionali come gli *inibitori della tripsina*, che riducono il valore nutritivo delle sue proteine, ma, fortunatamente, si disattivano con la cottura. Troviamo le *saponine*, sostanze che la pianta produce per difendersi dagli insetti, le quali vengono però rimosse quasi totalmente con diverse tecniche (tutta la quinoa che si trova in commercio è sottoposta a questo trattamento)[4]. Tali sostanze devono rientrare in un range che oscilla tra lo 0,006 e lo 0,12% massimo. Sebbene esistano varietà con un contenuto bassissimo di saponina, in realtà sono poco coltivate in quanto sono le più soggette all'attacco di insetti e di conseguenza diventa necessario utilizzare insetticidi artificiali per salvaguardarle.

Kamut®

Cosa sia il Kamut® è ormai piuttosto noto. D'altra parte, fino a qualche anno fa era diffuso marginalmente, solo nei negozi di prodotti naturali, mentre oggi, grazie all'aumentata richiesta, lo troviamo senza difficoltà nella grande distribuzione sotto forma di farina, biscotti, cracker, pasta e così via.

La sua origine, come si può leggere sul sito ufficiale della Kamut® International (www.kamut.com), è attribuita al ritrovamento archeologico di alcuni suoi semi in Egitto. Origine che alcuni sostengono possa essere frutto di fantasia, in primo luogo perché, dopo 4000 anni, difficilmente una cariosside può germinare; inoltre, pare che gli egizi coltivassero principalmente farro e orzo (il frumento si sarebbe diffuso solamente dopo il III secolo a.C.).

---

4 Le tecniche utilizzate per eliminare la saponina (*desaponificazione*) sono numerose; il metodo tradizionale prevede il lavaggio della quinoa con acqua e lo sfregamento della stessa su una pietra. Un altro metodo utilizzato consiste nel fare un'abrasione meccanica eliminando, sotto forma di polvere, lo strato superiore (in cui vi è la saponina), oppure sottoponendo la quinoa a un lavaggio in acqua calda (50 °C) o bollente (70-80 °C).

Parlando di frumento (perché il Kamut® si annovera tra i frumenti), si intende sempre il genere *Triticum*, che comprende centinaia di specie, sebbene le più diffuse sono principalmente il *Triticum durum* (grano duro) e il *Triticum aestivum* (grano tenero). Oltre a queste, però, troviamo anche, sebbene meno diffusi, il *Triticum dicoccum* (farro dicocco), il *Triticum spelta* (farro spelta) ma anche due sottospecie del *Triticum turgidum*: il *polonicum* e il *turanicum*, quest'ultimo chiamato anche grano orientale o *Khorasan* (dal nome della provincia dell'Iran dove ancora oggi si coltiva).

Dalle origini alla varietà protetta

Bob Quinn, presidente della società che detiene il marchio di questo grano, la Kamut® International, aveva chiesto e ottenuto, nel 1990, la protezione della varietà presso l'USDA (Ministero dell'Agricoltura statunitense), con il nome **QK-77**, diventandone proprietario (come se fosse un brevetto), ma a oggi la protezione è scaduta (sono trascorsi 10 anni).

Il *Triticum turgidum ssp. turanicum* (Kamut®) si può tutt'oggi coltivare ovunque, anche in Italia, ma, poiché solo quello che risponde ai requisiti della Kamut® International (zona di coltivazione, qualità del raccolto, tipo di agricoltura ecc.) può essere fregiato del nome Kamut®, la coltivazione secondo standard diversi impedisce di chiamarlo in quel modo. Di conseguenza, poiché gran parte delle persone conosce solamente il nome commerciale del *Triticum turgidum ssp. turanicum*, il fatto di venderlo con un altro nome lo rende poco o per nulla interessante.

In Italia, per esempio, pur adottando i criteri di coltivazione richiesti dalla Società e pur selezionando la granella di qualità più alta, non è possibile ottenere l'autorizzazione necessaria per chiamarlo Kamut®: il motivo pare sia legato alla carenza di selenio tipica del terreno della nostra nazione, microelemento che la Kamut® Int. ritiene molto importante per la qualità del Kamut®.

Dove si coltiva

La stragrande maggioranza delle coltivazioni si trovano in Montana, negli stati canadesi dell'Alberta e del Saskatchewan; gli agricoltori addetti alla coltivazione del Kamut® acquistano la granella dalla Kamut® International che si occupa poi di ritirare il raccolto. Nel 2012 il Kamut® era stato coltivato da 150 agricoltori su 25.000 ettari (indicativamente).

Il prezzo di mercato è prestabilito, come è prestabilita la qualità che deve avere il raccolto. La società si occupa della distribuzione dei semi principalmente per garantire la costanza del grano e, tra l'altro, il prezzo di vendita dei semi è lo stesso pagato agli agricoltori per il raccolto precedente.

La distribuzione

La vendita di Kamut® nel mondo è davvero sorprendente, con incrementi annui superiori al 70%. Nel 2010 ne sono state esportate 12.000 tonnellate: per quanto riguarda il Kamut che arriva nel nostro Paese, la prima tappa è a Oudenaardein in Belgio, presso un distributore, **Ostara**, che a sua volta lo rivende non solo nella nostra nazione, ma in tutto il territorio europeo. L'Italia è il più grande acquirente, superando addirittura la metà delle vendite globali, seguita dalla Germania.

Una nota relativa al Kamut® va fatta: dal momento che deve attraversare l'oceano per raggiungerci, non è di certo un grano a km 0, motivo per cui è una scelta del tutto legittima optare per varietà analoghe coltivate in Italia (Saragolla, per esempio).

Teff

Il teff[5] è una pianta appartenente alla famiglia delle graminacee, sottofamiglia *Chloridoideae*, genere *Eragrostis* (che conta circa 300 specie), tipica dell'Etiopia, dove viene coltivata ogni anno su un'estensione superiore a 1 milione di ettari.

Il teff si presenta simile all'amaranto, ma è ancora più piccolo; non raggiunge, infatti, neppure 1 mm di diametro e, con appena una manciata di semi, si può coltivare un campo molto grande.

La varietà di teff più diffusa è la specie *Eragrostis tef*, ma vi sono numerosissime altre specie (seppure selvatiche) utilizzate in alternativa, per esempio *E. cilianensis*, *E. pilosa*, *E. gangetica*, *E. ciliaris* ed *E. tremula*.

Il periodo esatto di addomesticamento del teff (coltivazione intenzionale da parte dell'uomo) non è del tutto chiaro, ma è tuttavia certo che si tratta di una pianta molto antica in Etiopia, utilizzata molto prima della nascita di Cristo e molto prima della coltivazione del farro e dell'orzo.

Il teff, per via della sua rusticità e versatilità, si adatta a terreni molto differenti tra loro; infatti, ha iniziato a diffondersi anche al di fuori dell'Etiopia, per esem-

---

5 Altri nomi comunemente usati per il teff sono ṭēf (in *amarico*, lingua ufficiale dell'Etiopia), tāf (in lingua *tigrina*, parlata principalmente in Eritrea) e tafi (in lingua *oromo*, parlata principalmente in Etiopia).

pio in Sud Africa, in Kenya ma anche in alcune zone dell'Australia, degli Usa e del Canada.

Da un punto di vista nutrizionale i semi del teff sono simili al miglio sebbene, rispetto a quest'ultimo, contengano più amminoacidi essenziali, compresa la *lisina*, amminoacido spesso carente nei cereali (a eccezione del riso e dell'orzo). Il teff contiene inoltre una buona quantità di ferro (che oscilla molto da una varietà all'altra). Si distingue anche per un ottimo contenuto di carboidrati complessi (amido), proteine (mediamente il 12%) e fibre. Esistono principalmente due colorazioni per i semi di teff, una bianca e una rossa. Dalla prima si ottiene una farina chiara, dalla seconda si ottiene invece una farina scura.

La farina chiara di teff ha un gusto più delicato ed è più pregiata, quella rossa ha invece un gusto più deciso (alcuni sostengono che abbia un gusto di terra).

La farina di teff si impiega per la preparazione di prodotti da forno dolci e salati, in particolar modo per il pane **Injera/Enjera** ma anche per un porridge (una sorta di zuppa) e delle bevande alcoliche chiamate *tela* e *katikala* (anche se per queste ultime si usa più comunemente il teff in grani). Il teff è inoltre impiegato per la preparazione di cibo destinato ai neonati, in combinazione con ceci, soia e altri cereali.

TABELLA DI COMPARAZIONE SALI MINERALI TRA TEFF E ALTRI CEREALI						
	Teff scuro	Teff chiaro	Grano primaverile	Grano Invernale	Orzo Invernale	Sorgo
Potassio (%)	0,36	0,2	0,37	0,33	0,44	0,44
Fosforo (%)	0,44	0,46	0,51	0,4	0,48	0,52
Calcio (%)	0,18	0,17	< 0,1	< 0,1	< 0,1	< 0,1
Magnesio (%)	0,18	0,19	0,15	0,12	0,13	0,18
Manganese (ppm)	21,2	30	53	36	12	29
Ferro (ppm)	196	115	78,5	40	35	66,5
Boro (ppm)	14	13	12	11,5	11	16,5
Rame (ppm)	53	36	20	11	14	23,5
Zinco (ppm)	67	67,5	60	39,5	45	44
Alluminio (ppm)	83	0,12	< 0,1	< 0,1	< 0,1	< 0,1
Stronzio (ppm)	< 0,1	< 0,1	< 0,1	< 0,1	< 0,1	< 0,1
Molibdeno (ppm)	0,78	0,74	0,6	0,55	0,4	0,45
Cobalto (ppm)	0,52	0,64	0,6	0,55	0,3	0,3

TABELLA DI COMPARAZIONE SALI MINERALI TRA TEFF E ALTRI CEREALI						
Sodio (ppm)	220	212,2	195	168,5	392	141,5
Bario (ppm)	19	23,5	7,5	6	7	< 0,1
Silice (ppm)	0,31	tracce	tracce	tracce	tracce	< 0,1

Fonte: Melak Hail, 1966

N.B. È opportuno rimarcare, per coloro che non hanno conoscenze approfondite di agronomia, che esistono varietà di frumento e di orzo (ma anche di moltissime altre specie, anche appartenenti a famiglie diverse) che vanno seminate in periodi diversi dell'anno. Il frumento tenero in genere viene seminato in autunno inoltrato (frumento invernale) e tra fine gennaio e marzo (frumento primaverile). Poiché vi è una differenza più o meno marcata tra i micronutrienti contenuti nel frumento invernale e in quello primaverile, nella tabella si è voluto separarli.

Orzo

L'orzo è un cereale, come il farro, che necessita, prima del suo impiego, di un processo di lavorazione che si chiama decorticatura, volto ad allontanare le glume, costituite da fibre molto rigide e poco gradevoli.

L'orzo è ricco di sali minerali (calcio, ferro, fosforo, potassio e silicio) e di vitamine (A1, B1 e B2). Tra i sali minerali prevale il fosforo, fondamentale per chi svolge un'attività intellettuale; inoltre, per le sue caratteristiche intrinseche, l'orzo è un cereale con proprietà antidiarroiche, emollienti, diuretiche e rinfrescanti.

Dalla macinazione dell'orzo decorticato si ottiene la farina, ideale per la preparazione di prodotti da forno dolci e salati. Trattandosi di una farina incapace di generare un glutine duttile come quello del frumento, va impiegata in combinazione con questo oppure in purezza, ma adottando un sistema particolare che illustreremo in seguito.

Con l'orzo si prepara non solo la farina ma anche altri prodotti come il malto (ottenuto dall'orzo germinato ed essiccato) e l'orzo tostato per il caffè (anche se generalmente per questo prodotto si usa l'orzo mondo, che è una varietà priva di glume esterne).

Amaranto

Diversamente da ciò che si pensa, l'amaranto non fa parte della famiglia dei cereali, bensì di quella delle *Amaranthaceae*, che comprende più di 60 specie, di cui solo 3 sono ritenute buone produttrici di semi: *A. hypochondriacus, A. cruentus* e *A. caudatus*. L'amaranto è originario della valle di Tehuacàn (Messico), nello stato di Puebla, dove fu domesticato per la prima volta tra il 5200 e il 3400 a.C.; l'amaranto fu un alimento base per le popolazioni precolombiane.

I chicchi di amaranto sono molto piccoli (diametro medio: 1-1,5 mm), di forma lenticolare e di colore variabile dal bianco crema al marrone.

La varietà *A. hypochondriacus* (che è la più coltivata in Messico) raggiunge i due o tre metri di altezza, ha grandi foglie verdi e una magnifica pannocchia (*panoja*) che può raggiungere 1 metro di altezza e che assume intensi colori porpora, rosa oppure verde chiaro.

Oltre ai chicchi tal quali, si consumano anche i germogli e le foglie (come verdure ma anche fritte, in umido o essiccate e usate successivamente come spezie). Da un punto di vista nutrizionale l'amaranto (*A. hypochondriacus*) presenta un elevato contenuto di proteine (tra il 15 e il 20%), particolarmente ricche di *lisina*, un amminoacido essenziale carente nei cereali (contenuto medio tra 3,2 e 6,2 g su 100 g contro 2,8 e 3,0 g su 100 g del frumento). Contiene inoltre in abbondanza fibra (fino al 9%) e sali minerali: calcio (10 volte più del frumento, in media 250 mg su 100 g), ferro (quattro volte il frumento, in media 15 mg su 100 g), fosforo e magnesio.

I chicchi di amaranto cotti tal quali formano una pellicola gelatinosa, dopo la cottura, talvolta non gradita; per questo motivo è spesso impiegato in abbinamento ad altri cereali/legumi. Inoltre, avendo una dimensione della cariosside molto piccola e di consistenza "croccante", può essere impiegato tale quale nei prodotti da forno (pane, biscotti, crostate ecc.).

L'amaranto, esposto al calore, scoppia come il mais da pop-corn (in Messico questi particolari pop-corn vengono chiamati colombine, *palomitas*).

Nel paese di origine si prepara, inoltre, un dolce tradizionale con l'amaranto soffiato e la melassa, il cosiddetto *alegrìa*, oppure viene impiegata la farina, miscelata a quella di cereali diversi, per le tortillas, il pane, le focacce e altre numerosissime preparazioni.

N.B. **L'amaranto è stato la prima pianta, nel 1985, a germinare a bordo di una nave spaziale, ed è stata selezionato dagli studiosi proprio per via delle sue potenziali capacità di assicurare una buona alimentazione alle future generazioni dell'era spaziale.**

Miglio

Il miglio (*Panicum miliaceum*, L.) è una pianta molto antica appartenente alla famiglia delle Graminacee. Si presenta con uno stelo alto fino a 150 cm che alle estremità termina con un'inflorescenza ramificata, a pannocchia. I chicchi di miglio possono avere una colorazione molto eterogenea, che varia dal bianco al rossastro, ma la specie più coltivata è quella dorata.

La separazione della cuticola esterna (decorticatura) è indispensabile: non ha particolari benefici nutrizionali come quella dell'orzo e del farro.

Il miglio contiene un'abbondante quantità di ferro (la maggiore tra i cereali), magnesio, silicio e fosforo, ma anche vitamina A (sotto forma di *betacarotene*) e vitamine del gruppo B.

Il contenuto lipidico è maggiore rispetto ad altri cereali (mediamente 3-4%).

Contiene inoltre l'*acido salicico* (da non confondere con l'acido salicilico), che svolge un effetto benefico sullo smalto dei denti, sui capelli, sulle unghie e sulla pelle.

Il miglio va consumato con ponderazione da chi ha problemi di tiroide (contiene un blando inibitore della *perossidasi tiroidea*).

In Russia e nei paesi scandinavi, con il miglio e altri semi/sfarinati si prepara il "kasci" (un piatto costituito da latte, zucchero e sale).

Le temperature

Uno dei problemi più ricorrenti nella preparazione dei prodotti da forno è la costanza; sono, infatti, numerosi quelli che si lamentano che il pane, la pizza, la focaccia ecc. non sono mai uguali, pur non cambiando farina, metodo, strumenti o altro.

Una semplice ma efficace soluzione per permettere ai prodotti da forno di rimanere sempre uguali è senz'altro quella di verificare, con il massimo scrupolo, le temperature: degli ambienti di lievitazione, degli ingredienti ma soprattutto dell'acqua aggiunta all'impasto.

Vediamo come procedere: per prima cosa è indispensabile sapere che la temperatura più performante dell'acqua è, in modo empirico, **18 °C in estate e 26° in inverno**, mentre quella dell'impasto è mediamente **25 °C in inverno e 20° in estate**, diversa in ogni caso in relazione al tasso di idratazione dell'impasto.

Come si prevede la temperatura dell'impasto?

Prima di illustrare il metodo è importante sapere che, a seconda del metodo di impasto utilizzato (manuale, impastatrice a spirale, a forcella ecc.), si conferirà all'impasto una determinata temperatura.

Nella tabella sottostante si possono verificare empiricamente i possibili gradi conferiti.

METODO E GRADI		
Tipologia	**Temperatura**	**Picco massimo**
Manuale	1 °C	
Spirale	9 °C	18 °C
Braccia tuffanti	6 °C	9 °C
Forcella	3 °C	

Detto ciò, la temperatura dell'impasto si può calcolare sommando quella dell'ambiente, della farina, dell'acqua e quella indotta dal metodo di lavorazione degli ingredienti prescelto. Supponendo che la temperatura dell'impasto che vogliamo ottenere sia 25 °C, procediamo nel seguente modo: sommiamo la temperatura della farina (mediamente è 15 °C), dell'ambiente (mediamente è 20 °C) e del riscaldamento previsto durante la fase di impasto (1 °C, se fatto manualmente), poi moltiplichiamo per tre la temperatura dell'impasto voluta; a quest'ultima sottraiamo il primo risultato e otteniamo 39, che rappresenta la temperatura che dovrà avere l'acqua se vogliamo che il nostro impasto raggiunga i 25°. Riepilogando:

- **Timpd**: Temperatura impasto desiderata.
- **Tvarie**: Somma temperatura farina, ambiente e gradi conferiti da impastatrice.
- **Tacqua**: Temperatura che dovrà avere l'acqua.

   (Timpd x 3) – Tvarie = Tacqua

Questo metodo è **empirico** e dà un'idea di massima, ma non è precisissimo, per esempio non va bene se l'impasto è di piccole dimensioni e viene lavorato con un'impastatrice grande; in questo caso, infatti, l'impasto subirà un forte raffreddamento per il contatto con la vasca di metallo.

Panificazione e farina di segale

Poiché in questo libro sono presenti numerose ricette con la farina di segale e poiché essa ha una bassa attitudine panificatoria, ma è estremamente salutare, è opportuno sapere come poterla impiegare al meglio e ottenere prodotti da forno eccellenti sia dal punto di vista nutritivo sia da quello organolettico.

La segale, e la sua farina, presentano un elevato contenuto di vitamine (PP, E, B5, B1, B6), sali minerali (fosforo, potassio, magnesio, calcio, zinco, rame, manganese, ferro) e fibre (che la rendono più efficace dei lassativi).

La segale contiene inoltre proteine con un maggior valore biologico rispetto a quelle del frumento (sono presenti maggiori amminoacidi essenziali come *lisina* e *treonina*) e ha un indice glicemico e un apporto calorico minore.

Sembra che la segale sia in grado di fluidificare il sangue e mantenere le arterie elastiche; infatti, le popolazioni che consumano in grande quantità la segale sono difficilmente afflitte da problemi cardiovascolari.

Le caratteristiche chimico fisiche

La segale, rispetto al frumento, ha un endosperma più ridotto (mediamente del 6%) e questo implica una resa inferiore, qualora venga raffinata: se da 100 kg di frumento si ottengono mediamente 70 kg di farina bianca, dalla segale se ne ottengono appena 64 kg; la presenza di un endosperma minore determina però una presenza maggiore di fibra (in particolare solubile come i *pentosani*).

In commercio si trovano diverse tipologie di farina di segale: integrale, tipo 0 (o bianca) e tipo 2 (o semintegrale). Nessuna di esse, a differenza del frumento tenero e duro, deve corrispondere ai parametri sanciti dal D.P.R. n. 187 del 9/02/12 (la legge che disciplina la produzione di farina e semola), di conseguenza le caratteristiche di tali farine sono a completa discrezione del mulino, ma in genere la farina di segale integrale è costituita da tutto il chicco (resa 100%), quella tipo 0 con la separazione totale della fibra (resa 64%) e l'ultima con la separazione parziale della stessa (resa 85% circa). Esiste poi ancora un'altra versione ottenuta da fiocchi, ovvero la farina di segale stabilizzata (in cui gli enzimi, le amilasi e le proteasi, sono in parte o completamente disattivate).

La Francia, a dispetto dell'Italia, ha invece regolamentato la produzione della farina di segale; esiste infatti una parametrizzazione ben precisa: farina di segale T70 (con ceneri[6] da 0,6% a 1%), farina di segale T85 (con ceneri da 0,75% a 1,25%), farina di segale T130 per la bianca (con ceneri da 1,20% a 1,50%) e farina di segale T170 per l'integrale (con ceneri maggiori di >1,50%).

---

6   Cosa sono le ceneri? Per determinare se una farina è stata più o meno raffinata si fa una campionatura della stessa, si pesa e si incenerisce a 550-600 °C in un fornetto particolare (muffola) per 6 ore; al termine si pesano le ceneri e si rapportano a 100 parti di sostanza secca. La quantità di ceneri rappresenta i sali minerali contenuti nella farina, gli stessi che si trovano nelle parti esterne del chicco (nella crusca e nella sua prossimità). Di conseguenza, più una farina è raffinata, più le ceneri dovrebbero essere basse.

Le attitudini panificatorie

Chiunque abbia provato a panificare utilizzando unicamente la farina di segale si sarà accorto di come questa generi un impasto molto appiccicoso, poco legato e con una bassa capacità di trattenere l'anidride carbonica durante la lievitazione, motivo per cui il pane diventa pesante e compatto.

Tutto ciò è dovuto all'elevato contenuto di *enzimi amilasici*, alla presenza di destrine ma soprattutto alla presenza insufficiente di proteine insolubili che generano glutine (*gliadina* e *glutenina*): nella segale sono maggiormente presenti le proteine solubili. Nella segale troviamo però molte fibre, costituite da un'elevata percentuale di *pentosani solubili*[7] (40% contro il 20-24% del frumento), ed è proprio grazie a questo che la farina di segale lega molta acqua, garantendo così un pane abbastanza strutturato (in sostanza le fibre svolgono in parte la funzione del glutine mancante).

Gli *enzimi amilasici*[8] della segale, in particolare l'*alfa amilasi*, sono molto più termoresistenti rispetto a quelli del frumento (tollera temperature fino a 95 °C, quella del frumento mediamente intorno ai 70 °C), ma più sensibili all'acidità. Anche la *beta amilasi* è più resistente (si disattiva, infatti, intorno a 84 °C, quella del frumento mediamente intorno a 82 °C), così come lo sono le *proteasi*.

Le cariossidi di segale contengono prevalentemente *beta amilasi* (nel frumento, al contrario, c'è più *alfa amilasi*), eccetto quando le cariossidi sono prossime alla germinazione, nel qual caso le amilasi prevalgono. Questo può accadere, per esempio, se prima del raccolto si presentano frequenti temporali e le cariossidi, esposte all'acqua, iniziano il processo di germinazione.

Da quanto si evince è chiaro che il *falling number* (indice di caduta)[9] della farina di segale ha valori (espressi in secondi) molto bassi: si va da 75 per una farina integrale ottenuta da segale prossima alla germinazione, fino a un massimo di 200/220 per una farina standard (nel frumento va da 220 a 350, ma in media è 250). Allo stesso tempo il falling number aumenta se la farina viene raffinata; troviamo infatti tempi più lunghi nelle farine di segale private della fibra e tempi più brevi nelle farine integrali (ricordiamo che le amilasi sono prevalentemente contenute nelle parti esterne del chicco).

---

7   1 g di pentosani trattiene da 10 a 15 g di acqua.

8   Gli enzimi amilasici contenuti nelle farine hanno un ruolo decisivo nella produzione del pane: "rompono" la molecola di amico in zuccheri più semplici e assimilabili dai lieviti (l'amido, nella sua struttura naturale, non sarebbe metabolizzabile dal lievito). Di conseguenza la loro presenza è fondamentale.

9   Il F.N. (*falling number*) o I.D.C. è un parametro che si rileva il laboratorio, che determina l'attività degli enzimi amilasici. Il metodo consiste semplicemente nel prelevare 7 g di farina (macinata in modo perfettamente omogeneo), aggiungere 25 ml di acqua distillata e mettere il composto in un tubo di vetro (tubo viscosimetrico). Lo stesso viene poi messo in acqua calda (55-60 °C) e agitato per 60 sec. Il tempo necessario affinché la sospensione acqua/farina scenda nella parte più bassa del tubo viscosimetrico rappresenta il falling number ed è influenzato dall'attività delle amilasi (più sono attive, più il tempo di precipitazione è breve).

Come migliorare le attitudini panificatorie della farina di segale

Tra le soluzioni più semplici vi è senz'altro quella di usare la farina di frumento in parziale sostituzione di quella di segale; si può partire dal 30% e arrivare fino all'80% mentre, in alternativa, se si vuole panificare solo con farina di segale, è necessario rispettare alcune regole:

- Non usare il malto (se non quello scuro tostato non *diastasico*[10]).
- Aumentare l'acidità dell'impasto (*optimum* 4-4,2 pH), con prevalenza di *acido acetico* (formandolo il più velocemente possibile).
- Aumentare la temperatura delle lavorazioni: temperature di fermentazione ideali sono 35-40 °C e quelle dell'impasto 30-32 °C.
- Nella cottura usare molto vapore, sia all'inizio sia durante.
- Meglio usare lievito di birra e pasta acida misti, per accelerare la lievitazione e far sì che i deboli legami che si formano si mantengano saldi per tutto il processo di lievitazione.
- Usare lo stampo per il pane in cassetta o un cestino per lievitazione (forma una sorta di barriera sull'impasto che limita la dispersione della CO_2 prodotta).
- Nei paesi scandinavi e in Russia, dove si panifica largamente con la farina di segale, il pane si fermenta generalmente con preimpasti molto acidi; un esempio è lo *Zawarka/Zavarka* (ottenuto da lievito madre puro o misto a lievito di birra).

---

[10] L'aggettivo diastasico significa che il malto ha all'interno le amilasi attive; se è invece non diastasico, le amilasi non sono disattivate e pertanto non conferirà queste all'impasto (ma solo zuccheri).

Capitolo 4
Miscele senza glutine

In questo libro vedremo alcune ricette ottenute con una miscela di farine, amidi e addensanti, formulate con l'intento di creare uno sfarinato analogo a quello di frumento. Tuttavia, per realizzare una miscela che si comporti in modo analogo alla farina di frumento, è necessario bilanciare con rigore gli ingredienti della miscela; per fare questo, bisogna non solo conoscere il ruolo funzionale che ognuno di essi svolge, ma anche cosa comportano durante la cottura, dopo la cottura, che sapore conferiscono e quale caratteristica tecnologica conferiscono all'impasto (forza, tenacità, estensibilità).

Gli ingredienti fondamentali per la preparazione di una miscela sono essenzialmente i seguenti:

- **Amidi.** È possibile optare per numerose tipologie di amido: riso, mais, tapioca, fecola di patate ecc. Utilizzare un amido rispetto a un altro ha numerose implicazioni (può conferire maggiore o minore estensibilità all'impasto, maggiore o minore tenacità) e influisce anche sulla durata del prodotto (*shelf life*). Ogni amido presenta una diversa temperatura di gelatinizzazione (temperatura in cui da polvere poco solubile in acqua diventa solubile e trasparente), una diversa dimensione dei granuli (*granulometria*), un diverso rapporto tra *amilosio* e *amilopectina* (le due molecole di cui è costituito l'amido). Una temperatura di gelatinizzazione diversa fa in modo che l'impasto si stabilizzi in momenti diversi della cottura e questo va tenuto in considerazione nella formulazione della miscela perché potrebbe essere molto importante stabilizzare un prodotto da forno prima (perché molto debole) o dopo (perché deve svilupparsi e pertanto la gelatinizzazione deve avvenire a temperatura più alta). Per ottenere, per esempio, il massimo sviluppo in forno è consigliabile utilizzare un amido con una temperatura di gelatinizzazione molto alta; in questo modo il prodotto ha un tempo maggiore per svilupparsi prima che la gelatinizzazione avvenga e blocchi lo sviluppo. La dimensione dei granuli è invece importante per quanto riguarda l'assorbimento di liquidi: amidi con granulometria più fine assorbono più acqua di quelli con granulometria più grossolana. Il rapporto amilosio/amilopectina influisce invece sulla collosità dell'amido (più amilopectina comporta una maggiore collosità), sulla conservazione, ovvero sulla *retrogradazione* (più amilopectina comporta una maggiore conservazione), sull'indice glicemico del pane (più amilosio, comporta un indice glicemico più basso). La presenza maggiore di amilopectina, rispetto all'amilosio, genera inoltre una mollica più soffice ma lo sviluppo è generalmente inferiore.

L'amido raramente è sostituibile con la farina della medesima materia prima, per esempio un impasto preparato con amido di riso è molto diverso dallo stesso impasto ma preparato con farina di riso. Se, per esempio, prepariamo un impasto per il pane, con l'amido tenderà a svilupparsi bene in cottura, con la farina tenderà a spaccarsi, formando una sorta di tigratura in superficie (a meno che non ci siano uova o altri ingredienti molto strutturanti).

- **Zuccheri.** Impiegare uno zucchero è vivamente consigliato, in quanto i prodotti senza glutine costituiti principalmente da amidi si colorano solo marginalmente in cottura (salvo che non vi sia una lunghissima lievitazione); l'utilizzo dello zucchero si rivela invece efficace a tale scopo. Ma non tutto lo zucchero va bene, per esempio quello più comune (il *saccarosio*), richiede una percentuale di impiego molto alta per conferire una colorazione sufficiente; per questo motivo è meglio usare zuccheri che colorano di più in concentrazioni minori, come per esempio il *destrosio* o il miele. Ovviamente il problema non si pone se si vuol preparare un prodotto da forno dolce; se, invece, si desidera preparare un prodotto da forno salato, come il pane, non si può eccedere con il dolcificante.

- **Sale.** Questo ingrediente ha un ruolo principalmente sul sapore, anche su quello dolce (ne aumenta la percezione). Negli impasti costituiti da farine che generano glutine il sale ha delle implicazioni sulla forza ma nelle miscele senza glutine ha un ruolo più marginale (visto che non c'è glutine e le proteine sono contenute generalmente in percentuali molto basse).

- **Lievito.** Per i prodotti senza glutine la lievitazione più indicata è quella rapida; per questo motivo la lievitazione istantanea con lievito chimico è quella che genera lo sviluppo maggiore. In ogni caso è possibile usare lievito di birra anche in quantità modeste purché venga usato sotto forma di preimpasto (facendo una biga o un poolish).

- **Acqua.** Questo ingrediente va impiegato in quantità piuttosto generose, quando possibile (nei casi in cui non dobbiamo modellare l'impasto); in questo modo lo sviluppo è decisamente maggiore.

- **Addensanti/gelificanti/emulsionanti.** Gli addensanti più utilizzati nella preparazione di prodotti da forno sono il guar, lo xantano e il metolose. Lo xantano conferisce molta forza all'impasto, rispetto al guar, e aumenta l'assorbimento dei liquidi. Inoltre, genera degli alveoli tendenzialmente grandi, mentre il metolose genera invece degli alveoli piccoli e omogenei.

Facoltativamente:

- **Farine naturalmente senza glutine.** È sempre opportuno impiegare una percentuale del 10-15% sull'amido; questa percentuale dovrebbe contemplare farina di riso, miglio, grano saraceno, amaranto ecc. La funzione di queste farine è conferire maggiore sapore alla preparazione (gli amidi da soli sono poco saporiti).
- **Proteine.** Svolgono principalmente due funzioni: conferiscono maggiore apporto proteico alla preparazione, migliorano il sapore ma soprattutto sono utilizzate per generare un impasto simile a quello con glutine. Ogni proteina ha una funzione diversa nell'impasto, per esempio quelle di soia e dei piselli ne aumentano l'elasticità, mentre quelle dell'uovo e del latte la diminuiscono. Inoltre, l'impiego di qualunque tipo di proteina ha la funzione di omogenizzare gli alveoli, rendendoli piccoli e omogenei.
- **Latte in polvere.** Il latte in polvere è generalmente impiegato in quanto a contatto dell'acqua, e alla temperatura del forno, crea una struttura simile al glutine, aumenta la morbidezza (*igroscopico*), allo stesso tempo migliora il sapore e conferisce una colorazione più o meno marcata alla crosta (*zucchero riducente*). Tuttavia, il latte è generalmente un ingrediente da evitare in quanto i celiaci presentano, spesso, una seconda allergia al lattosio.
- **Uova.** Formano una struttura molto simile al glutine e ritardano l'invecchiamento dei prodotti da forno. Le uova sono spesso impiegate in combinazione con la *transglutaminasi*, poiché quest'ultima aumenta i legami chimici delle proteine formando una struttura simile al glutine.
- **Enzimi.** Vi sono diversi enzimi impiegabili nei prodotti da forno senza glutine; il loro scopo può essere molto eterogeneo ma principalmente hanno tre funzioni ben distinte tra loro: aumentare lo sviluppo, la conservazione e migliorare la consistenza finale. Per esempio, si fa spesso uso dell'*alfa amilasi*, che migliora lo sviluppo e la strutturazione della mollica (la rende più coesa, che si sbriciola meno) e rallenta l'invecchiamento (come lo fa anche un altro enzima, la CGTasi). L'alfa amilasi rende però gli impasti più appiccicosi e non esplica la sua funzione nella stessa misura

in qualunque tipo d'impasto, ma solo in quelli con amidi notevolmente danneggiati (rotti con la macinazione).

Un altro enzima largamente impiegato è invece la *transglutaminasi*, che migliora anch'essa lo sviluppo e rende la mollica più morbida. Questo enzima esplica il massimo della sua capacità quando nella miscele vi è una fonte proteica[1] (farina di lupino, di soia; proteine del latte, della soia) ma, anche se questo enzima riesce ad agire su molte proteine, non è in grado di farlo su tutte: sulla farina di soia, per esempio, non esplica moltissima attività.

La transglutaminasi favorisce la formazione di legami tra le proteine (per questo motivo deve esserci una fonte proteica nella miscela), ed esplica il massimo della sua attività a 70 °C (a temperature inferiori agisce in maniera più lenta).

La quantità di transglutaminasi da impiegare varia molto in base alle proteine presenti[2]. In ogni caso, il range oscilla tra 0,25 U/g farina e 1,5 U/g di farina, ma la quantità utilizzata più frequentemente è 1 U/g di farina. Non è, tuttavia, consigliabile usare la transglutaminasi, in quanto potrebbe dare problemi ai celiaci. Piuttosto, è meglio usare la *glucosio ossidasi*, che opera in maniera simile alla transglutaminasi, aumentando la forza dell'impasto.

L'utilizzo degli enzimi è molto diffuso, questo perché non vi è l'obbligo di dichiararli in etichetta (dopo il processo di cottura non rimangono nei prodotti da forno, pertanto non costituiscono un ingrediente vero e proprio).

- **Grassi.** Impiegare margarina o burro, in questi prodotti, ha generalmente un vantaggio tecnologico maggiore rispetto all'olio, in quanto generano una lievitazione fisica combinata a quella biologica del lievito. In ogni caso olio o burro/margarina migliorano i prodotti da forno poiché ne aumentano la conservazione, purché impiegati in percentuali minime, dato che destabilizzano la struttura che sostituisce il glutine (uova o idrocolloidi). Vi sono addirittura casi in cui molti impasti si sviluppano maggiormente in assenza di grassi che con una loro aggiunta, anche in piccole quantità.

- **Lecitina.** La lecitina (di soia o di altro seme oleoso) può essere un ingrediente utile. La sua funzione tecnologica è creare un'emulsione stabile dell'impasto, ma particolarmente interessante è la sua capacità di rendere l'alveolatura omogenea. Generalmente si impiega allo 0,5-1% sul peso complessivo dell'impasto.

---

1 Indicativamente, queste fonti proteiche vanno impiegate in media al 12% sul peso della farina.

2 Dalla loro struttura e dalla disposizione dei residui di *lisina* e *glutammina*.

- **Lievito madre.** Il lievito madre senza glutine esplica i medesimi vantaggi del lievito madre di frumento: aumenta la conservazione dei prodotti da forno, il sapore e la profumazione.
- **Fibre.** Le fibre sono altri ingredienti largamente impiegati in quanto svolgono una funzione analoga al glutine (danno struttura all'impasto). Esistono fibre di diversa natura, in ogni caso quelle più utilizzate sono solubili.

Oltre agli ingredienti menzionati vi sono anche altri enzimi possibili da impiegare, altre fibre e addirittura i surimi.

Gli addensanti

Premessa

Nonostante gli addensanti (contrariamente a quello che si crede) non siano nocivi a priori[3], è comunque bene non farne un uso incontrollato.

Questa spiegazione non deve, infatti, essere vista come una delibera per incentivarne l'uso, ma ha solamente lo scopo di chiarire la loro natura e funzione: se dobbiamo usarli perché la ricetta necessita di un importante supporto tecnologico, ben vengano, ma se il loro utilizzo, magari smodato, ha solo una funzione di comodo, è meglio valutare fino a che punto sia giustificabile.

Descrizione

In passato gli unici addensanti utilizzati erano le **uova**, l'amido e la farina; si utilizzò poi per prima la farina di semi di carruba, quindi quella di guar e a seguire tutti gli altri.

A esclusione delle uova, della farina e dell'amido, la categoria degli addensati, gelificanti e stabilizzanti si raggruppa in un'unica voce, ovvero gli **additivi**, regolamentati dal DM 27.2.1986 n. 209.

Hanno tutti una funzione polivalente (cioè svolgono diverse funzioni) ma mentre le uova, la farina e l'amido, oltre al ruolo tecnico (addensante, stabilizzante ecc.), modificano anche il gusto e il colore, gli additivi hanno principalmente una sola funzione tecnico-polivalente, ovvero inducono stadi/viscosità differenti in funzione del dosaggio/condizione (e agiscono sul sapore solo marginalmente).

---

3 Per esempio, molti sono naturali e ottenuti con processi fisici, come per esempio la farina di semi di carrube e di guar.

Gli addensati possono, infatti, trasformare un liquido in un gel oppure solamente addensarlo.

In genere gli addensanti non vanno mai incorporati direttamente nella sostanza liquida così come sono, ma **mescolati a secco** con altre polveri, come per esempio zucchero/farina, e solo successivamente versati con cautela nel liquido, per evitare la formazione di **grumi**.

Tipologie e caratteristiche

Nelle tabelle che seguono sono illustrate le principali caratteristiche degli addensanti e le loro modalità d'uso, in particolare:

- **Caratteristica**: natura dell'additivo.
- **Solubilità**: condizione in cui l'additivo si scioglie.
- **Famiglia**: categoria chimica.
- **Provenienza**: origine e modalità di estrazione/produzione.
- **Dispersione**: modalità ottimale per l'inserimento dell'additivo nella ricetta.
- **Potenziamento**: ingredienti, procedimenti e condizioni che migliorano la sua funzione.
- **Inibizione**: ingredienti, procedimenti e condizioni che inibiscono la sua funzione.
- **Codice Europeo**: denominazione di legge dell'additivo.
- **pH ottimale**: range in cui svolge in maniera ottimale la sua funzione.
- **Quantità**: quantità ideale di prodotto, solitamente espressa sui liquidi.
- **Svantaggi**: caratteristiche negative.

FARINA DI SEMI DI CARRUBA	
Caratteristica	Si tratta di un addensante naturale. Le caratteristiche igroscopiche di questa farina sono conferite dalla presenza di una sostanza chiamata *carrubina*. Ha una buona stabilità ai metalli alcalino/terrosi (secondo gruppo della tavola periodica), non gelifica, permette una buona areazione, è insapore.
Solubilità	Si impiega solo a caldo e necessita di circa 2-3 minuti a 80 °C. Assorbe fino a 100 volte il suo peso in acqua.
Famiglia	*Galattomannani*.
Provenienza	Si ottiene dalla macinazione dei semi decorticati di una leguminosa, la carruba (*Ceratonia siliqua*).
Dispersione	A freddo (non crea problemi, in quanto la sua insolubilità in queste condizioni non provoca la formazione di grumi).

FARINA DI SEMI DI CARRUBA

Potenziamento	Se correttamente idratata permette, in sinergia con altri idrocolloidi, specialmente quelli derivati dalle *Rodoficee* (come per esempio agar agar e carragenine), di ottenere una struttura più omogenea.
Inibizione	Poco stabile in ambiente acido.
Cod. Europeo	E410
pH ottimale	N.D.
Quantità	La dose varia da 0,5 a 1%.
Svantaggi	Leggera *sineresi* (che si elimina usandola con farina di semi di guar, gomma xantano o carragenine).

FARINA DI SEMI DI GUAR

Caratteristica	Idrocolloide stabile in ambiente acido. Addensante.
Solubilità	Si miscela in combinazione con gli ingredienti secchi o liquidi; nel caso di questi ultimi la farina di guar va sciolta nei liquidi (e non viceversa). Non va impiegata in combinazione con altri addensanti marini (come l'agar agar), in quanto si peggiora il risultato finale.
Famiglia	*Galattomannani*.
Provenienza	Si ottiene dalla macinazione dei semi di una leguminosa dell'Estremo Oriente (*Cyamopsis tetragonoloba*).
Dispersione	Solubile anche a freddo, prestando tuttavia attenzione a non formare grumi.
Potenziamento	In combinazione con la farina di semi di carruba aumenta la sua capacità legante e crea una massa più omogenea. Ha sinergia con la gomma xantano e con la farina di semi di carruba, non interferisce con le carragenine.
Inibizione	
Cod. Europeo	E412
pH ottimale	N.D.
Quantità	Indicativamente dallo 0,15 allo 0,20%.
Svantaggi	Poco resistente agli shock termici, leggera formazione di filamenti. In quantità eccessiva rende le preparazioni collose e interferisce sul gusto finale.

FARINA DI SEMI DI TARA

Caratteristica	Idrocolloide stabile in ambiente acido ad alta viscosità. Determina soluzioni ben addensate e trasparenti in acqua.
Solubilità	A freddo.
Famiglia	*Galattomannani*.

FARINA DI SEMI DI TARA	
Provenienza	Ricavato dalla decorticazione e macinazione calibrata dei semi del Tara (*Caesalpinia spinosa*), una leguminosa.
Dispersione	80% a freddo, il restante a caldo.
Potenziamento	Con idrocolloidi marini come agar agar e carragenine.
Inibizione	
Cod. Europeo	E417
pH ottimale	N.D.
Quantità	Si impiega dallo 0,5% all'1%.
Svantaggi	

CMC (CARBOSSIMETILCELLULOSA)	
Caratteristica	Crea una struttura liscia, trasparente, setosa e cremosa. Ha un'ottima resistenza agli shock termici.
Solubilità	A freddo in acqua.
Famiglia	Fibre solubili.
Provenienza	Derivato solubile della cellulosa.
Dispersione	Si scioglie rapidamente e facilmente a freddo.
Potenziamento	Carragenina, che tra l'altro aumenta la tolleranza alle proteine del latte.
Inibizione	Nel latte tende a far precipitare le proteine Inoltre, presenta una certa intolleranza ai grassi.
Cod. Europeo	E466
pH ottimale	Da 2 a 13.
Quantità	Circa 1, al massimo 2%.
Svantaggi	Reagisce con le proteine del latte; crea, a volte, una leggera *sineresi*.

GOMMA XANTANO	
Caratteristica	Gomma con alta resistenza a pH acido e con elevate concentrazioni di sale, mantiene la sua caratteristica in un range molto ampio (70-80 °C). Facilità d'impiego, stabilità a pH, sali e temperatura, conferisce una struttura molto cremosa, buon controllo della viscosità e omogeneità alla miscela, non gelifica, facilita l'areazione, stabile agli shock termici, permette di legare molto bene l'acqua, basso dosaggio, ottima funzionalità reologica.
Solubilità	Addensante.
Famiglia	*Eterepolisaccaridi*.

GOMMA XANTANO

Provenienza	Ottenuto attraverso il batterio X*anthomonas Campestris*.
Dispersione	A freddo.
Potenziamento	Con *galattomannani*.
Inibizione	Calcio e potassio.
Cod. Europeo	E415
pH ottimale	Da 1 a 13.
Quantità	Dallo 0,2% all'1%.
Svantaggi	Non gradevole al gusto se usata da sola.

GOMMA ARABICA

Caratteristica	Si tratta di un agente addensante eccellente che aiuta a mantenere il prodotto a lungo nel tempo. Dona stabilità alle emulsioni "olio in acqua" e non maschera i sapori in quanto non lascia retrogusto.
Solubilità	In acqua.
Famiglia	Principalmente una fibra solubile. A secco la gomma arabica è costituita al 95% da fibra solubile.
Provenienza	Si tratta della resina dell'albero *Acacia Senegal*.
Dispersione	
Potenziamento	
Inibizione	
Cod. Europeo	E414
pH ottimale	Da 4 a 10.
Quantità	
Svantaggi	

GOMMA ADRAGANTE

Caratteristica	La gomma adragante è la più viscosa tra le gomme naturali conosciute, è solubile in acqua e ha un elevato valore emulsionante, una buona stabilità al calore, all'acidità e al tempo. È costituita principalmente da una sostanza solubile (*traganthin*) e una insolubile (*bassorin*). Contiene inoltre tracce di amido, cellulosa e sostanze nitrogene (azoto). A contatto con l'acqua, la traganthin diventa una soluzione colloidale, la bassorin, invece, si gonfia, formando una massa gelatinosa.
Solubilità	
Famiglia	Polisaccaride.

GOMMA ADRAGANTE	
Provenienza	Resina dell'*Astralagus genus*, albero della famiglia delle leguminose.
Dispersione	
Potenziamento	
Inibizione	
Cod. Europeo	E414
pH ottimale	
Quantità	
Svantaggi	

ALGINATI	
Caratteristica	È resistente a pH acidi, quindi particolarmente indicato per gelati acidi di frutta o per variegature acide. Conferisce una buona stabilità al prodotto finito e una struttura liscia, anche se non particolarmente "calda". Nei gelati industriali, dove alla spatolabilità si preferisce la stabilità del prodotto, è un addensante molto usato. Permette una buona areazione, ha una buona funzionalità reologica, dona struttura liscia e uniforme, ha una larga gamma di viscosità, diminuisce il tasso di ioni liberi, evita la coalescenza dei globuli di grasso.
Solubilità	Gelificante, addensante.
Famiglia	Polisaccaride (sale dell'acido alginico, ovvero un acido poliuronico).
Provenienza	L'alginato di sodio si estrae da alcuni tipi di alghe (alghe brune) tipo *Laminaria*, *Ascophillum* e *Macrocystis pyrifera*.
Dispersione	È solubile a freddo in acqua.
Potenziamento	In presenza di ioni calcio, l'alginato di sodio forma una struttura chiamata *egg box* (scatola di uova) che porta alla formazione di gel anche forti. Per favorire la solubilizzazione dell'alginato di sodio nel latte a freddo è quindi necessario aggiungere dei sequestrati (sostanza capace, in soluzione, di alterare o mascherare le proprietà chimiche delle sostanze con cui si combina) di calcio come i fosfati, che sono ammessi per legge in ragione di massimo 15% sull'alginato. Un'alternativa è sciogliere l'alginato di sodio in latte caldo a 70-80 °C.
Inibizione	Quando la presenza di ioni calcio è eccessiva, come per esempio nel latte, l'alginato di sodio precipita, ovvero si separa dalla soluzione depositandosi sul fondo. Inoltre ha una certa intolleranza all'acido, al sale e all'alcol.
Cod. Europeo	E401
pH ottimale	L'alginato di calcio perde le sue proprietà in ambiente acido (al di sotto di pH 4.0, infatti, precipita).
Quantità	Viene impiegato nel gelato a base di latte in ragione dello 0,1-0,5%.
Svantaggi	Gelifica con gli ioni calcio (risolvibile con un sequestrante), gelifica e precipita a pH acido (si sostituisce con alginato di propilenglicole).

PECTINA	
Caratteristica	Colloide naturale molto diffuso nel mondo vegetale (sia nelle pareti cellulari, sia legato alla cellulosa). Esistono due tipologie di pectina: HM (*alto metossile*) e LM (*basso metossile*). Si utilizza per gelatinizzare le marmellate in primis.
Solubilità	Gelificante, se posta in un ambiente adeguatamente acido, oppure addensante, sospendente e cremosizzante, se utilizzata in presenza di ioni calcio. Può essere usata senza limite di impiego seguendo tuttavia il criterio della buona pratica di produzione. La solubilizzazione del prodotto è legata al mezzo di reazione e al processo adottato: è favorita dal trattamento termico, dagli sforzi di taglio (agitazione o omogeneizzazione). Una completa solubilizzazione si ottiene rapidamente a partire da 80-85 °C.
Famiglia	*Eteropolisaccaride*.
Provenienza	La pectina è ricavata dagli agrumi e dalle mele.
Dispersione	A caldo.
Potenziamento	Richiedono ambiente acido e una percentuale di zuccheri superiore al 65%.
Inibizione	N.D.
Cod. Europeo	E440
pH ottimale	4,1-4,6 in soluzione all'1,0% con acqua distillata a 20 °C.
Quantità	Può essere utilizzata senza limite di impiego seguendo tuttavia il criterio della buona pratica di produzione. Il dosaggio consigliato è compreso tra 1 e 1,7% usando puree di frutta. Pesare 1/10 di zucchero e miscelarlo con la pectina. Riscaldare la purea a 50 °C, quindi versare la miscela di zucchero e pectina al fine di effettuare una precottura della pectina. Portare il tutto a ebollizione per un minuto. Versare la rimanenza dello zucchero e il glucosio e portare a una temperatura di 107 °C. A questa temperatura, aggiungere l'acido citrico diluito al 50% (cioè per 14 g: 7 g di acido citrico in polvere + 7 g di acqua) e cuocere leggermente per circa 30 secondi. Versare il composto in uno stampo foderato con carta da forno. Lasciare asciugare per 24 ore.
Svantaggi	Quantità di zuccheri, ambiente acido.

AMIDO DI MAIS	
Caratteristica	Addensante.
Solubilità	Inizia la sua attività addensante tra 72 e 84 °C.
Famiglia	Amidi.
Provenienza	Macinazione del mais.
Dispersione	A freddo, meglio se disperso con gli ingredienti secchi.
Potenziamento	N.D.

AMIDO DI MAIS	
Inibizione	N.D.
Cod. Europeo	N.D.
pH ottimale	N.D.
Quantità	Dal 6% in su.
Svantaggi	

AMIDO DI RISO	
Caratteristica	Addensante.
Solubilità	Inizia la sua attività addensante tra 76 e 92 °C.
Famiglia	Amidi.
Provenienza	Macinazione del riso.
Dispersione	A freddo, meglio se disperso con gli ingredienti secchi.
Potenziamento	
Inibizione	N.D.
Cod. Europeo	
pH ottimale	
Quantità	Dal 6% in su.
Svantaggi	Sapore.

FECOLA DI PATATE	
Caratteristica	Addensante. Ottima per migliorare la sofficità dei prodotti da forno. Per le salse è solitamente sconsigliata perché genera una collosità poco gradita.
Solubilità	Intorno agli 80 °C.
Famiglia	Amidi.
Provenienza	Essiccamento, macinazione e isolamento meccanico delle patate.
Dispersione	A freddo.
Potenziamento	N.D.
Inibizione	N.D.
Cod. Europeo	
pH ottimale	N.D.
Quantità	Dal 6% in su.
Svantaggi	Sapore.

GOMMA ADRAGANTE	
Caratteristica	Addensante dal sapore molto neutro. Non sa di crudo come altri tipi di amido. Ha un indice glicemico più contenuto rispetto ad altri addensanti.
Solubilità	Le sue proprietà addensanti vengono massimizzate attorno agli 80 °C.
Famiglia	Amidi.
Provenienza	Viene ottenuto dalla maranta (*Maranta arundinacea*), una pianta originaria della foresta equatoriale del Brasile e della Guyana.
Dispersione	A freddo, meglio se disperso con gli ingredienti secchi.
Potenziamento	N.D.
Inibizione	N.D.
Cod. Europeo	
pH ottimale	
Quantità	
Svantaggi	

KUZU	
Caratteristica	Gelificante. Il Kuzu è l'unica fecola con proprietà alcalinizzanti/curative, e ricca di carboidrati, sali minerali (calcio, sodio, fosforo e ferro).
Solubilità	Le sue proprietà addensanti si potenziano attorno agli 80 °C.
Famiglia	Amidi.
Provenienza	Viene ricavata da una leguminosa perenne e rampicante giapponese (*Pueraria lobata*).
Dispersione	A freddo, meglio se disperso con gli ingredienti secchi.
Potenziamento	N.D.
Inibizione	N.D.
Cod. Europeo	N.D.
pH ottimale	N.D.
Quantità	Dal 6% in su.
Svantaggi	Sapore.

AGAR-AGAR	
Caratteristica	Non essendo completamente assorbito dal corpo umano (solo il 10%), ha un apporto calorico esiguo e, allo stesso tempo, favorisce il transito intestinale. Rispetto alla pectina non ha bisogno di zucchero per gelatinizzare, pertanto è un'ottima alternativa nei prodotti a basso o nullo contenuto di zucchero, inoltre è termoreversibile (cioè, se viene sciolto, portandolo a 90°, quando raffredda torna come prima). Rispetto alla gelatina comune che si scioglie alla temperatura del cavo orale, l'agar richiede una temperatura maggiore (90°), mantenendo pertanto la sua consistenza anche in bocca. Non essendo formato da proteine (a differenza della gelatina), è possibile impiegarlo nelle preparazioni a base di ananas e frutta simile, che contiene enzimi proteolitici (che disgregano il gel).
Solubilità	100 °C per alcuni minuti. Si impiega dallo 0,2% al 10% in base alla purezza.
Famiglia	Idrocollide.
Provenienza	*Alghe gelidium.*
Dispersione	Dovendo far bollire i liquidi da gelatinizzare, per alcune applicazioni diventa complesso; di conseguenza si può ovviare in questo modo: si porta a ebollizione solo una parte dell'acqua, dove si è preventivamente sciolto l'agar agar, e si aggiunge successivamente l'acqua rimanente scaldata a 40°.
Potenziamento	Zucchero ma in modo lieve.
Inibizione	
Cod. Europeo	E406
pH ottimale	Da 2,5 a 10.
Quantità	Può anche essere utilizzato per aumentare la capacità saziante dei cibi, conferendo una modesta quantità di calorie.
Svantaggi	

CARRAGENINA	
Caratteristica	Può essere considerata l'equivalente delle caseine del latte. In soluzioni acquose (tra cui latte), le carragenine sono ideali per i gelati.
Solubilità	Gelificante.
Famiglia	Idrocolloide.
Provenienza	Idrocolloide estratto da alghe marine della famiglia delle Rodoficee, quali *Chondrus crispus, Euchema cottonii, Euchema spinosum* e, in quantità molto limitata, *Furcellaria fastigiata.*
Dispersione	A 80 °C si disperde, a 40 °C gelatinizza.
Potenziamento	In presenza di calcio e potassio.
Inibizione	Oltre i 65 °C e in ambiente eccessivamente acido.
Cod. Europeo	E407

CARRAGENINA	
pH ottimale	Da 2 a 10.
Quantità	Dallo 0,2 al 2%.
Svantaggi	Poco stabile a pH acido, ha un'interazione molto forte con il latte (caseina); alcuni difetti sono eliminabili accoppiandola alla farina di semi di carruba.

■ Miglioratore naturale

Tra gli additivi più utilizzati in panificazione c'è sicuramente l'*acido ascorbico*, ovvero la vitamina C. Un acido organico che, impiegato nelle farine che generano glutine (farro, frumento e segale), ha la capacità di aumentare la forza, ovvero il W.

L'acido ascorbico, una volta aggiunto alla farina, viene trasformato, in presenza di ossigeno, da due enzimi contenuti nella stessa (*acido carbossidasi* e *acidodeidroascorbico riduttasi*), fino a reagire con determinati legami presenti nel glutine (gruppi SH), più deboli, trasformandoli in legami più forti (gruppi S-S). In parole povere, la vitamina C aggiunta all'impasto rende più robusti i "fili" che costituiscono la trama del glutine. L'acido ascorbico si impiega in quantità minime (appena 30 mg per chilogrammo di farina!) ed è contenuto principalmente negli agrumi (il limone ne è particolarmente ricco). Ma troviamo l'acido ascorbico anche nei peperoni, nei pomodori, nel peperoncino (che, tra l'altro, ne hanno in quantità maggiore del limone).

Alla luce di quanto sopra, è ovvio che impiegare la vitamina C nelle farine deboli ne aumenta alquanto la forza. La stessa cosa dovrebbe avvenire anche impiegando alimenti naturalmente ricchi di vitamina C, come appunto il succo di limone (non si possono prendere in considerazione il succo di pomodoro o quello di peperoncino in quanto troppo "invasivi" sul gusto). Per assicurarmi che fosse realmente così, ho condotto un esperimento impiegando, insieme a una farina di farro integrale molto debole, del succo di limone nella misura di 100 ml/kg di farina, misura che dovrebbe garantire un apporto di circa 50 mg di acido ascorbico (il succo di limone, in base alla varietà, al tipo di coltivazione, al luogo e alla maturazione, ha un contenuto di vitamina C che può variare da 40 a oltre 60 mg per 100 ml di succo fresco).

IMPASTO CON SUCCO DI LIMONE

- 225 g di farina di farro spelta integrale (W stimato 90)
- 160 ml di acqua tiepida
- 15 ml di succo di limone fresco

- 5 g di sale marino
- 1 g di lievito di birra fresco

IMPASTO SENZA SUCCO DI LIMONE

- 225 g di farina di farro spelta integrale (W stimato 90)
- 175 ml di acqua tiepida
- 5 g di sale marino
- 1 g di lievito di birra fresco

PREPARAZIONE IDENTICA PER OGNUNO DUE IMPASTI

Ho sciolto nell'acqua il lievito di birra (nel caso dell'impasto con il succo di limone ho aggiunto lo stesso nell'acqua), ho aggiunto metà della farina, il sale, ho miscelato affinché si sciogliesse e ho aggiunto la restante farina. Una volta che l'impasto è diventato liscio e omogeneo, l'ho coperto e lasciato lievitare per 14 ore a una temperatura di 22 °C. A questo punto l'ho immediatamente cotto per 45 minuti a 180 °C.

CONCLUSIONI DELL'ESPERIMENTO

Come si evince dalle immagini il pane con succo di limone è cresciuto di un volume maggiore del 50% (circa) in quanto è aumentato l'assorbimento di acqua; infatti, a parità di liquidi, l'impasto senza succo di limone era più morbido. La presenza massiccia di succo di limone (6% sul peso della farina) si è percepita nel pane (in forma lieve), ma la sua presenza ha reso ancora più gradevole il pane (d'altra parte l'acido ascorbico è un buon esaltatore di sapidità).

Lavorazione dell'impasto nella macchina del pane (a sinistra l'impasto senza limone, a destra con limone).

Pane ultimato (a sinistra l'impasto senza limone, a destra con limone).

CONSIGLI UTILI

- Il succo di limone si può impiegare fino al 10% sul peso della farina; in tal caso si rafforza ulteriormente il glutine ma il sapore di limone si sente maggiormente.
- Il succo di limone deve essere fresco, altrimenti la vitamina C è molto probabilmente ossidata (l'acido ascorbico è *termolabile* e *fotolabile*).

Capitolo 5
Passaggi ripetitivi

In tutte le ricette illustrate in questo manuale ci sono alcuni passaggi chiave che si ripetono; per evitare di ripeterli, di seguito vengono spiegati una sola volta. Salvo che la ricetta non preveda un metodo leggermente diverso da quello illustrato, i passaggi verranno indicati con il loro nome (piega a tre, piega stretta ecc.), ogni volta che andranno eseguiti; se invece si presenteranno altri tipi di lavorazioni o lavorazioni leggermente diverse, esse saranno indicate chiaramente.

▄ Le pieghe di rinforzo

Sebbene tale processo di lavorazione sia già stato illustrato nel precedente libro *"Tutto sul pane fatto in casa"*, è opportuno ripeterlo visto la sua importanza in panificazione.

Le pieghe di rinforzo hanno due funzioni ben precise: orientare e rafforzare la maglia glutinica. Orientano la maglia glutinica poiché è proprio dove rimane la piega il punto più debole dell'impasto (dove cioè tenderà ad aprirsi più facilmente se verrà rivolto in alto o a lato), rafforzano la maglia glutinica in quanto la sovrapposizione dell'impasto la infittisce, rendendola più resistente.

Pieghe a 3 o di primo tipo

Le pieghe a tre o di primo tipo sono utilizzate principalmente per gli impasti molto idratati, come le baguette e le ciabatte, e in questo caso vanno fatte con delicatezza. Tuttavia possono essere effettuate anche per altri impasti, non necessariamente idratati.

La piega a 3 può essere sospesa già al primo giro (immagine n. 5), ma eseguire un'altra volta le pieghe, dal senso opposto, conferisce ulteriore forza all'impasto (talvolta necessaria).

1. Disporre l'impasto sul piano di lavoro leggermente infarinato (ci deve essere un velo di farina!).

2. Appiattirlo con i polpastrelli formando un rettangolo.

3. Portare al centro un lato più corto.

4. E poi l'altro, accavallando.

5. Ruotare l'impasto di 90 gradi e appiattirlo leggermente.

6. Portare nuovamente un lato più corto al centro.

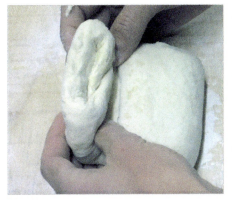
7. Poi l'altro, accavallando.

8. Capovolgere (con le pieghe sotto).

9. Stringere l'impasto con le mani a "cucchiaio"...

10. ... fino a formare una pallina omogenea.

Pieghe strette, pieghe di secondo tipo o folding

Queste pieghe hanno la funzione di infittire molto la maglia glutinica e conferirle una maggiore forza rispetto alle precedenti. Le pieghe di secondo tipo servono per la preparazione di panini tondi che devono crescere in altezza.

1. Appiattire l'impasto.

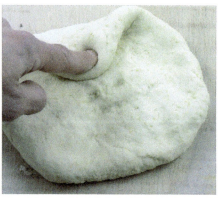

2. Portare al centro una piccola "orecchia" di impasto.

3. Ripetere l'operazione in senso orario o antiorario, come si preferisce...

4. ... fino a completare il giro.

5. Capovolgere e pirlare (arrotolare la pagnotta).

Quando vanno infornati i prodotti da forno

Una delle tante abilità che si acquisiscono nella preparazione dei prodotti da forno è capire il momento migliore per procedere all'infornamento. Molti credono ancora che più il pane (porzionato) è lievitato, più si svilupperà in forno, ma in realtà questa credenza condivisa non ha alcun riscontro con la realtà. C'è un momento ben preciso in cui il pane va infornato, né prima, né dopo: infatti, se si inforna prima si avrà un mancato sviluppo, se si inforna dopo (iper lievitato) si otterrà un marginale sviluppo in forno o, addirittura, il pane collasserà diventando concavo. Ci sono vari test per verificare quando è il momento più indicato ma tutti, compreso quello mostrato di seguito, sono piuttosto empirici e danno solo un'idea di massima. Il metodo migliore rimane comunque sempre l'esperienza.

Test del dito

1. Con il dito mignolo si preme un lato della pagnotta (si affonda di circa 1 cm).

2. Se il buco creato non torna indietro, lasciando una piccola fossa, il pane è pronto per essere cotto.

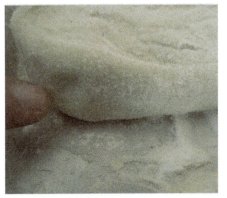

3. Se torna indietro scomparendo del tutto (o lasciando una lieve fossetta) è necessario lasciarlo lievitare ancora.

È opportuno ribadire che si tratta di un metodo empirico, applicabile tra l'altro esclusivamente a **impasti non eccessivamente idratati** (intorno al 55-60% di acqua sul peso della farina).

Qualora si fosse superata la lievitazione, l'unica possibilità che resta è **rigenerare** la/e pagnotta/e (nel caso della pizza si rigenerano i panielli), formandola/e nuovamente conferendogli della forza, per esempio con delle pieghe di rinforzo. Questo non è però sempre fattibile; infatti, se la farina è particolarmente **debole**, anche riformando l'impasto o facendo pieghe non si conferirà più la forza necessaria.

Test della pallina

Il test della pallina è un secondo metodo, anch'esso empirico, per verificare se il pane è pronto per essere infornato; anche questo test è molto semplice, l'unica accortezza è usare il termometro per misurare la temperatura dell'acqua. Ma vediamo come funziona e capiremo il motivo.

1. Si stacca un pezzo di impasto dal pane (o altro impasto) porzionato.

2. Si forma una pallina grande quando una biglia.

3. Si lascia cadere in una brocca d'acqua.

4. Si attende che salga in superficie.

N.B. È assolutamente necessario che l'acqua contenuta nella brocca abbia la stessa temperatura dell'ambiente di lievitazione ed è per questo motivo che bisogna avere un termometro.

Una volta che la pallina è in superficie è possibile procedere alla cottura, anche se spesso è meglio aspettare ancora tra i 15 e i 30 minuti a seconda dell'impasto.

Capitolo 6
Gli accessori

■ Le teglie

Sebbene la qualità delle preparazioni in teglia (la pizza, la focaccia ma anche altre preparazioni come crostate e torte salate) dipenda principalmente dagli ingredienti impiegati e dal metodo adottato, è anche vero che il materiale della teglia influisce in misura piuttosto rilevante sulle caratteristiche. La teglia non incide ovviamente sulla qualità intesa come profilo nutritivo (a meno che non si utilizzi una teglia di bassa qualità, in cui l'eventuale materiale di rivestimento venga rilasciato all'alimento), ma principalmente sull'aspetto e sul gusto finale: una teglia performante aumenta lo sviluppo, favorisce la formazione di una crosta croccante e accorcia i tempi di cottura.

Esistono principalmente sei tipologie di materiali con cui si fabbricano le teglie in commercio: ferro blu grezzo, alluminio, alluminio antiaderente, lega leggera, lamiera alluminata e acciaio inox (tutte possono essere anche teflonate). Oltre al materiale, un'altra caratteristica importante di cui tener conto è lo spessore, che ha importanti conseguenze: infatti, più la teglia è spessa, più è bassa la velocità di trasmissione del calore (*conducibilità termica* o *conduttività termica*) ma la robustezza aumenta; viceversa, più è sottile, più il calore viene trasmesso velocemente (ma la robustezza ovviamente diminuisce). La velocità con cui il calore viene trasmesso si può misurare in due modi; quello più comunemente usato è il *watt per metro Kelvin*[1] (un'unità di misura del *Sistema internazionale*), che dipende principalmente dal materiale (e dalla sua purezza); alcuni materiali hanno una velocità molto elevata, come l'argento (420 W/m °K) e il rame, altri molto bassa, come ferro e l'acciaio inox.

---

[1] Il *watt* indica la potenza, il metro indica la lunghezza, mentre il *Kelvin* indica la temperatura.

Vediamo innanzitutto le caratteristiche salienti dei diversi materiali.

MATERIALE	PRO	CONTRO
Acciaio inox	Resistente, igienico.	Poco resistente al sale, costoso, trasmette il calore lentamente.
Alluminio	Antiaderente per natura, economico, leggero, ottima velocità nel trasmettere il calore.	Fragile, non è possibile lasciare alimenti all'interno per oltre 24 ore (salvo che non si refrigerino).
Alluminio antiaderente	Velocità di trasmissione del calore (praticamente identica all'alluminio* non rivestito), elevata antiaderenza.	La perdita del materiale antiaderente applicato è talvolta rischiosa per la salute.
Rame	Elevata velocità di trasmissione del calore, resistente, visivamente molto gradevole.	Se non stagnato è pericoloso per la salute, specialmente se usato con alimenti acidi; costo elevato; molta manutenzione.
Ferro blu grezzo	Economico, favorisce la formazione di una crosta dorata e saporita.	Necessità di molta cura nel mantenimento, trasmissione del calore lenta.
Lega	Leggerezza.	

* Principalmente perché in realtà ne esistono di più ma è inutile analizzarle tutte (bisognerebbe fare un manuale solo per quello!)

MATERIALE	TRAS. CALORE (W/M °K)	NOTE
Acciaio inox	16	
Alluminio	225	Al primo utilizzo lavare il contenitore con acqua e ungere con olio. Tende a formare un'ossidazione bruna con il passare del tempo (questa è inerte e protegge il metallo, quindi potrebbe anche non essere tolta).
Alluminio antiaderente	225	Il miglior metodo di applicazione è quello a spruzzo. Sostituire qualora fosse consumato; al primo uso lavare con acqua e ungere con olio.

MATERIALE	TRAS. CALORE (W/M °K)	NOTE
Rame	392	Non usare qualora il rivestimento in stagno fosse consumato.
Ferro blu grezzo	60	Non va lavato con acqua ma solo unto con olio.

Le pietre refrattarie

Innanzitutto, cosa significa refrattario? Con il termine refrattario si intende un materiale o una miscela di materiali in grado di resistere alle alte temperature, senza reagire con altri materiali con cui viene a contatto. Ed è proprio con questi materiali che si costruiscono le pietre refrattarie utilizzate nei forni casalinghi per cuocere il pane o la pizza; le pietre refrattarie sono generalmente tonde, quadrate o rettangolari e hanno la straordinaria capacità di assorbire molto calore e cederlo alla preparazione da forno replicando quello che fa un forno professionale (per esempio a legna o a platea).

Una sola pietra refrattaria è già in grado di migliorare abbondantemente i prodotti da forno ma il massimo si ottiene avendone due, una più spessa sotto, una più fine sopra. In questo modo la pietra sopra invia un enorme quantità di calore al pane, quella sotto fa la stessa cosa ma, essendo a contatto diretto con il prodotto ed essendo facile da raffreddarsi, è opportuno che sia più spessa. Tra le due pietre non deve esserci molto spazio, in modo che la camera di cottura sia più possibilmente simile a quella di un forno a platea professionale.

La pietra refrattaria non è però un accessorio indispensabile, anche se i risultati che si ottengono con il suo utilizzo sono decisamente migliori.

Vediamo tuttavia quali tipologie si trovano in commercio e quali sono le caratteristiche da verificare prima dell'acquisto. Innanzi tutto c'è da dire che in commercio si trovano pietre da forno in materiali diversi, come per esempio mattonelle di **gres porcellanato** oppure **pietre ollari**. Nel caso delle prime bisogna prestare molta attenzione, poiché non sono destinate a uso alimentare e potrebbero non essere adatte ma, se il gres viene cotto alla temperatura ideale (1.200 °C e oltre), i materiali di cui è composto si stabilizzano molto (*vetrificazione* o *greificazione*) e anche l'eventuale smaltatura in superficie è sicura; comunque, in ogni caso il gres rimane un materiale molto fragile (non è *pirofilo*), privo di un componente che gli conferisce resistenza alle alte temperature e alla dilatazione termica (*chamotte*).

Un altro materiale molto diffuso è la pietra ollare (o *steatite*); anche se è un materiale che va molto bene, non è in grado di assorbire l'umidità dei prodotti da forno in cottura, come fa invece la refrattaria oppure l'*ossidiana* o ancora l'*ardesia*.

Alla luce di quanto detto è ovvio che il materiale più indicato è la pietra refrattaria ma, affinché svolga egregiamente il suo lavoro, **deve essere fine**, non oltre 1 centimetro, al massimo 1,5. Per fare in modo che si **scaldi velocemente** è bene metterla almeno 10 minuti sul fondo del forno e poi altri 10 minuti sotto il grill, oppure scaldarla sul fornello a gas.

C'è anche chi si costruisce in casa la pietra, usando **malte refrattarie e cemento** (vedi http://bit.ly/1vzFSn2) ma è **opportuno procedere con cautela**, poiché il cemento contiene spesso sostanze tossiche come i metalli pesanti. Altri ancora acquistano le tavelle refrattarie dai rivenditori di materiali edile; questa è una buona idea, ma attenzione agli spessori e ai formati: una pietra spessa oltre 1 cm si scalderà in tempi biblici, mentre una pietra di misura diversa da quella che ci occorre va modificata e non sempre è facile. Infatti, se per eliminare un pezzo è sufficiente una mola con disco diamantato, per assemblarne due piccole per farne una grande, bisogna costruire un telaio (che andrà dimensionato con un po' di gioco che permetta allo stesso di dilatarsi senza problemi) e inoltre la fessura che si presenterà tra le due pietre, qualora dovesse cadere un po' di condimento, finirà sul piano del forno creando un fumo orribile.

Il gres

Si tratta di un'argilla cotta ad alta temperatura (1.250-1.300 °C), temperatura alla quale vetrifica in superficie e acquista particolari caratteristiche di durezza e di colore. Le argille normalmente presenti in Italia hanno una composizione tale da non sopportare temperature di cottura così elevate, a causa della presenza significativa di *carbonato di calcio* o *magnesio* che, essendo dei *fondenti*, abbassano la temperatura di fusione. Questo consente la cottura di terrecotte a più basse temperature (900-1.100 °C) ma impedisce l'utilizzo di queste argille a temperature più elevate (1.300 °C), alle quali fonderebbero. Alle alte temperature il gres vetrifica in superficie (*greifica*) e rende i pezzi impermeabili, non porosi, duri e sonanti, a differenza di quanto accade con le tradizionali maioliche.

I contenitori possono quindi essere smaltati senza ricorrere a fondenti pericolosi per l'ambiente e per la salute dell'uomo (come il piombo). Gli oggetti in gres smaltati sono pertanto idonei a contenere alimenti in virtù della stabilità della vetrificazione che avviene alle alte temperature e all'assenza di sostanze tossiche nelle materie prime con cui sono realizzati gli smalti. La durezza della superficie del gres consente un normale utilizzo in lavastoviglie e un impiego nella cottura a microonde.

Come si pulisce la refrattaria

Dopo aver preparato 2 o più pizze è probabile che la superficie della pietra si annerisca generando un fumo intenso e annerendo anche le basi delle pizze successive. Per fare in modo di eliminare la farina carbonizzata dalla superficie è sufficiente raschiarla con una spatola di metallo oppure, a fine cottura, si porta alla massima temperatura per almeno 30 minuti (attenzione però allo spreco energetico). In ogni caso ciò che sporca facilmente la refrattaria è la farina di spolvero: meglio per questo motivo usare sempre semola o granito, che tendono a bruciarsi meno.

Il forno e il metodo di cottura

Sebbene le performance del forno non abbiano effetti sulla qualità (a livello nutritivo) dei prodotti da forno, è anche vero che un forno di qualità (o reso di qualità con delle modifiche) genera prodotti da forno migliori. Si può, per esempio, utilizzare la pietra refrattaria che abbiamo visto prima oppure adottare altri stratagemmi, come usare due pietre refrattarie, una più grande sotto per avere una maggiore inerzia termica e una più fine sopra (cielo); è anche utile utilizzare uno spruzzino ben pulito, e pieno di acqua, per spruzzare le pareti del forno prima di cuocere (in modo da creare molto vapore nella camera di cottura).

Inoltre, durante il riscaldamento (quanto si porta in temperatura) è opportuno inserire sul fondo dello stesso una piastra in ghisa sulla cui superficie, una volta inserito il pane, sarebbe opportuno mettere del ghiaccio insieme a una tazzina di acqua (questo crea moltissimo vapore e di continuo).

Infine, dopo 10-12 minuti di cottura, andrebbe aperto leggermente il forno per favorire la fuoriuscita del vapore (per poi richiuderlo e proseguire la cottura). Il forno si rimette quindi nuovamente in fessura gli ultimi 10 minuti (cioè con lo sportello semi-aperto).

Modding

In alcune ricette di questo libro si è utilizzato un forno elettrico con pietra refrattaria, un piccolo fornetto economico, ma in grado di cuocere le pizze in modo straordinario. Tuttavia, tale fornetto esplica il massimo della sua capacità di cottura se si apportano alcune modifiche, che in genere sono le stesse che devono essere apportate su gran parte dei forni dello stesso tipo che si trovano in commercio, salvo rare eccezioni e salvo che, dalla data di pubblicazione di questo libro, siano stati realizzati forni con caratteristiche simili alle modifiche qui indicate. Tali modifiche agiscono su più punti: diminuiscono il tempo di cottura, permettono uno sviluppo maggiore dell'impasto, una cottura maggiore del cornicione e preservano meglio il condimento (evitando che si bruci).

MOLTO IMPORTANTE. Queste modifiche possono implicare conseguenze alquanto pericolose, come possibili incendi, danneggiamento dell'impianto elettrico, scottature, fusione delle parti in plastica e, ovviamente, la perdita della garanzia. Si consiglia pertanto di eseguirle solo se consci di quanto può succedere. L'autore non si assume alcuna responsabilità per danni a cose o a persone.

Gli accessori

1. Svitare il coperchio che copre l'ingranaggio di apertura della campana superiore.

2. Svitare i piedini.

3. Svitare il meccanismo della campana.

4. Svitare la vite centrale che tiene la campana.

5. Svitare le viti attorno alla resistenza.

6. Ritagliare una porzione di alluminio, laddove si incastrerà l'uscita della resistenza.

7. Inserire il piatto di alluminio tra la campana e la resistenza.

8. Avvitare la resistenza.

9. Inserire un bullone al centro del piattello di alluminio.

10. Aggiungere degli spessori tra piattello e campana.

11. Avvitarlo.

12. Ecco la modifica apportata (indicativamente tra piattello e resistenza c'è una "fascia" vuota di 2 cm e 2 cm è anche lo spazio tra la resistenza e la superficie sottostante del piattello).

Gli accessori

13. Aiutandosi con un cacciavite, estrarre la manopola del termostato.

14. Con un cacciavite piccolissimo avvitare la vite in senso antiorario di circa 1/4 di giro.

N.B. Si possono apportare ancora altre modifiche al forno (motorizzazione della pietra sottostante con girarrosto, inversione resistenze, aumento potenza resistenze).

Capitolo 7
Introduzione alle ricette

Nei capitoli che seguono sono riportate tutte le ricette suddivise in quattro macrocategorie: **pane speciale** (tutti i pani ottenuti con farine alternative o metodi di panificazione particolari), **pizze e focacce** (ottenute anch'esse con farine alternative o metodi particolari), **pane senza glutine** (varie tipologie di pane ottenute con farine naturalmente senza glutine), e infine "**varie**", un mix di ricette di prodotti da forno (da piadine, a pani dal mondo) e una particolare pasta fresca, fatta in casa, con un metodo innovativo.

Ogni ricetta mostra, oltre agli ingredienti, anche la temperatura finale dell'impasto, molto importante per replicare in modo identico la ricetta. Si può in ogni caso anche non osservare questa temperatura, affidandosi al caso, ma conviene, in ogni caso, avvicinarsi il più possibile, tenendo a mente che l'acqua a 35-38 °C è tiepida, la temperatura ambiente è solitamente 20-22 °C mentre la temperatura di lievitazione ottimale (26 °C) si ottiene spesso mettendo l'impasto in forno con la luce accesa.

Per fare in mondo di avere un **quadro completo** dei metodi di preparazione, dei processi, degli strumenti e così via, si è cercato di utilizzare, quando possibile, strumenti diversi (forni, stampi, teglie ecc.), metodi fermentativi alternativi (pasta madre, biga, poolish ecc.), nonché metodi di formatura differenti (filoncini, pagnotte, grissini ecc.).

Gran parte delle ricette sono modificabili a proprio piacimento, per esempio gli impasti molto idratati possono essere fatti anche con idratazioni molto più basse (eccetto quelli senza glutine), si può diminuire il sale o aumentare l'olio, tutto senza apportare significativi cambiamenti alla ricetta.

Cella di fermentazione

Una condizione molto importante nella lievitazione/fermentazione è poter osservare e modulare la temperatura alla quale i prodotti da forno sono messi a lievitare/fermentare/maturare. Se questo controllo non viene fatto, è facile incorrere in errori di eccessiva maturazione/fermentazione/maturazione, o viceversa. Per questo motivo è molto utile creare un ambiente adatto a questo scopo: basta utilizzare un forno con la luce accesa, condizione che dovrebbe garantire i canonici 26-28 °C; tale condizione, però, non è adatta alla lievitazione di una biga/poolish né è adatta a indurre una maturazione dell'impasto a sfavore della lievitazione/fermentazione (per questa condizione si usa il frigo).

La cella di fermentazione si può fabbricare direttamente in casa con estrema facilità, basta procurarsi una lampadina a incandescenza da 35 watt, un nebulizzatore d'acqua e un termostato a doppio relè (uno per il nebulizzatore, uno per la lampadina/cavo riscaldante). Nelle illustrazioni successive è possibile vedere la costruzione della mia cella, realizzata con un semplice scatolone di polistirolo.

1. Installazione lampadina a incandescenza.

2. Installazione serpentina (che ha sostituito la lampadina).

3. Nebulizzatore d'acqua.

4. Termostato per regolazione umidità e temperatura.

I consigli di massima

Gli impasti idratati

Molte delle ricette presenti in questo manuale sono realizzate con impasti molto ricchi d'acqua, condizione che permette all'impasto di creare un'alveolatura più ampia e meno regolare e di diventare più morbido, in particolar modo dopo la cottura.

Tutti gli impasti molto idratati richiedono però alcune peculiarità, per esempio l'*optimum* sarebbe usare farine molto ricche di glutine (che assorbano i liquidi senza disperderli), aggiungere l'acqua poco alla volta ed eseguire la fase di impasto per il tempo necessario a permettere all'acqua di essere totalmente assorbita (l'impasto va incordato molto), a meno che non si opti per una lunghissima lievitazione e si esegua almeno una volta un rimpasto o delle pieghe di rinforzo (dopo 30-60 minuti). In questo caso la lunghissima lievitazione permette al glutine di formarsi quasi come se si fosse impastato a lungo, poiché la presenza massiccia di acqua consente alle molecole che costituiscono il glutine di avvicinarsi e aggregarsi tra loro (vedremo meglio cosa significa con la ricetta del pane senza impasto a pagina 85). Se si vuole invece che il glutine si formi perfettamente è opportuno impastarlo, fin da subito, adeguatamente. Nel caso si impasti a mano, basta semplicemente lavorare l'impasto servendosi di una spatola e, con movimenti decisi sul piano di lavoro, cercare di incordare l'impasto fino a renderlo liscio e omogeneo; ma, più che spatolare a lungo, è meglio spatolare alcuni minuti e sospendere poi per circa 15 minuti, per poi spatolare nuovamente e sospendere nuovamente. Questo processo va ripetuto fino a quando l'impasto è appunto liscio e omogeneo (vedremo meglio cosa significa nella ricetta della focaccia 100% Kamut® a pagina 116).

Assorbimento e licoli

Molte delle farine impiegate in queste ricette sono generalmente poco costanti, in quanto sono prodotte da mulini artigianali in piccole quantità, diversamente da quelle classiche di frumento. Per questo motivo quello che bisogna osservare con maggior attenzione non è tanto la quantità d'acqua indicata nella ricetta, ma piuttosto la consistenza finale dell'impasto. Per esempio, se sono indicati 100 ml di acqua, se ne possono utilizzare anche 95 o 105, così come bisogna prestare attenzione al fatto che le farine (qualunque tipologia) richiedono un determinato tempo per idratarsi completamente, di conseguenza la valutazione va fatta dopo un ragionevole tempo di attesa (purtroppo non standardizzabile, quindi bisogna procedere per tentativi).

La stessa cosa vale per il licoli; un licoli più idratato o meno idratato influisce in modo diverso sull'impasto e pertanto, anche in questo caso, è opportuno regolarsi sempre sulla consistenza finale dell'impasto osservabile nelle immagini. Tuttavia, il licoli utilizzato in tutte le ricette presentava sempre la stessa consistenza (non la stessa idratazione, legata al tipo di farina con cui era stato prodotto).

Prodotti da forno senza glutine

Molte ricette illustrate in questo manuale sono realizzate con farine senza glutine come il grano saraceno ma anche il miglio, il riso ecc. (al 100%), senza l'ausilio di addensanti di alcun tipo. Tuttavia, il segreto per rendere tali impasti sufficientemente panificabili è di fare un impasto semi-liquido, generare una fermentazione/lievitazione il più possibile veloce (in modo che i deboli legami che si formano possano resistere per il breve tempo di lievitazione) e usare stampi (in modo che l'impasto sia sigillato su tre lati (base, larghezza e lunghezza).

Con questo metodo, panificare utilizzando le farine senza glutine è estremamente facile; chi si ostina a procedere secondo il metodo tradizionale si troverà con prodotti da forno pesanti, poco sviluppati e crudi all'interno; a meno che non utilizzi gli addensati, ovviamente.

Tutti gli impasti senza glutine, lavorati con l'impastatrice, sono realizzati con lo scudo e non con il gancio (in quanto la consistenza non permette di usarlo).

Capitolo 8
Pane speciale

Questa parte del manuale riporta un elenco di ricette ottenute con farine e metodi alternativi a quelli comunemente diffusi; per ogni ricetta vi è una descrizione del prodotto e una descrizione, quando necessario (se non è già presente in un'altra ricetta), del processo di produzione.

Pane 100% Monococcum

In questa ricetta si è provato a panificare con la farina integrale di farro Monococcum, usando del lievito madre, poco olio e una lievitazione/fermentazione piuttosto veloce. Si è optato per l'impiego di poco olio solo per conferire al glutine maggiore estensibilità, senza però comprometterlo (una quantità eccessiva lo avrebbe indebolito ulteriormente: in genere utilizzando fino al 5-6% di grassi sul peso della farina si ottiene un miglioramento, dopo di che si ottiene un peggioramento). Le temperature di fermentazione/lievitazione e la temperatura dell'acqua sono state piuttosto elevate al fine di accorciare i tempi (limitare la maturazione dell'impasto). Diversamente il glutine di questa farina, già piuttosto debole, sarebbe collassato eccessivamente e il prodotto finale sarebbe stato molto compatto e umido.

Questo processo di panificazione è stato realizzato grazie ai consigli della "vecchia saggia", sul sito http://www.cookaround.com.

Pane 100% Monococcum

INGREDIENTI PRIMO IMPASTO

- 300 g di farina di farro
- 250 ml di acqua
- 180 ml di licoli
- 50 ml di succo di limone

Temp. finale: 26 °C
Temp. di lievitazione: 26 °C per 5 ore

INGREDIENTI SECONDO IMPASTO

- 300 g di farina di farro
- 250 ml di acqua
- 50 ml di succo di limone

Temp. finale: 26 °C
Temp. di lievitazione: 28 °C

INGREDIENTI TERZO IMPASTO

- 400 g di farina di farro
- 30 ml di olio di oliva extravergine
- 20 g di sale marino grezzo

Temp. finale: 26 °C
Temp. di lievitazione: 28 °C per 2 ore

PREPARAZIONE

1. Stemperare la farina nell'acqua miscelata al succo di limone e al licoli. Disporre in una caraffa graduata e indicare il livello con il pennarello.

2. Una volta che il volume è aumentato del 50%, aggiungere l'acqua, il succo di limone e la farina. Indicare nuovamente il livello.

3. Una volta aumentato nuovamente il volume, aggiungere gli ingredienti del terzo impasto iniziando dal sale, quindi l'olio e poi la farina.

4. Attendere nuovamente che il volume sia aumentato del 50%.

#

5. Rovesciare sul piano di lavoro e dare alcune pieghe di rinforzo.

6. Inserire nello stampo, coprire e lasciar lievitare per 1 ora a 26 °C.

7. Una volta raggiunto il bordo, praticare un taglio in superficie e cuocere in forno per 1 ora a 180 °C, di cui 15 minuti fuori dallo stampo con il forno socchiuso.

8. A cottura ultimata, il pane sarà morbidissimo e con alveoli più o meno grandi.

CONSIGLI UTILI

- Questo pane potrebbe svilupparsi maggiormente impiegando lievito di birra.
- Per ultimare l'impasto è necessario servirsi di un po' d'olio, diversamente rimane attaccato alle mani. Analogamente, è necessario usarne un po' per fare le pieghe.

No-Knead Bread – Pane senza impasto

Il pane senza impasto, o *no knead bread*, è una tipologia di pane, estremamente gradevole, realizzato con un metodo molto semplice, veloce e utilizzando una vecchia varietà di grano duro molto pregiata: il Saragolla.

L'inventore di questo pane è **Jim Lahey** il panettiere della *Sullivan Street Bakery* di New York che ha, tra l'altro, scritto un bel libro con la ricetta originale di questo pane e di altre possibili varianti (Lahey J., Flaste R., 2013, *Pane senza impasto*, Guido Tommasi Editore, Milano).

Jim Lahey, nella sua panetteria newyorkese, produce molte tipologie di pane italiano ma realizza anche corsi di panificazione destinati alle massaie. Tuttavia, quando decise di realizzare questi corsi, per fare in modo che gli insegnamenti potessero essere prontamente "afferrati" dalle massaie (un pubblico non professionale), cercò di snellire il procedimento il più possibile, fino a renderlo estremamente semplice, ritenendo anche che, se il pane era stato prodotto ovunque e fin da tempi molto antichi, non poteva essere stato fatto con i complicati procedimenti moderni. La conferma l'ebbe sfogliando i testi di **Apicio** (autore latino di una raccolta di ricette gastronomiche), grazie ai quali appurò che gli antichi Romani non impastavano affatto il pane, ma si limitavano solamente a modellarlo leggermente e a cuocerlo, probabilmente nella campana, un antico recipiente di cottura in ceramica (sostituito nella ricetta da una pentola).

Alla luce di ciò questa ricetta non può che essere adatta a tutti, ma soprattutto a chi il pane non l'ha mai fatto. Questo processo di panificazione genera un ottimo pane, non solo per il metodo ma anche per il lungo tempo di lievitazione e per gli ingredienti impiegati.

Al fine di semplificare il più possibile la ricetta sono indicate solo alcune informazioni sommarie sulle temperature, in modo da lasciare la massima libertà a chi la deve replicare.

INGREDIENTI

- 500 g di sfarinato integrale di grano duro Saragolla
- 500 ml acqua
- 10 g di sale marino integrale
- 10 ml di olio di oliva extravergine
- 1 g di lievito di birra secco

Temp. di lievitazione: Temperatura ambiente

No-Knead Bread – Pane senza impasto

PREPARAZIONE

1. Miscelare in un contenitore la farina, il lievito di birra, l'acqua e il sale.

2. Non appena l'impasto inizia a legarsi, aggiungere l'olio e, una volta assorbito, sospendere per 30 minuti.

3. Rovesciare sul piano di lavoro infarinato e dare le pieghe di rinforzo con la spatola. Disporlo quindi in un contenitore e sigillare con pellicola.

4. Rovesciare su un panno di cotone abbondantemente spolverato di crusca.

5. Chiudere il panno di cotone e utilizzare una pentola o un cerchio di acciaio per contenere l'impasto durante la lievitazione.

6. Arroventare in forno la pentola e rovesciare l'impasto delicatamente, chiudere con il coperchio e procedere alla cottura.

7. Dopo 30 minuti togliere il coperchio.

8. Dopo 20 minuti togliere la pentola e terminare la cottura su griglia o pietra refrattaria per 10-15 minuti, lasciando il forno socchiuso (in fessura).

CONSIGLI UTILI

- **Infarinare bene** la superficie del pane per evitare che rimanga attaccata al telo (senza però lasciare farina impigliata nelle pieghe, che provocherebbe un minore sviluppo del pane). In alternativa alla farina si può usare anche della crusca, come in questa ricetta.
- Attenzione a non avere **inserti in gomma** nella pentola (brucerebbero).
- L'impasto **non attacca** alla pentola, questa non va pertanto spolverata, purché sia caldissima e il tempo per trasferire l'impasto nella pentola non sia eccessivo (per evitare il raffreddamento).
- Se dovesse esserci ancora dell'**umidità** all'interno del pane dopo la cottura, riporlo sulla griglia del forno ancora per 10 minuti e in fessura (ovvero mettendo un cucchiaio di legno nella portina del forno in modo che non sia perfettamente chiuso ed esca il vapore).
- Gli impasti molto idratati, come questo, **lievitano più velocemente** e sono pertanto migliori, dato che il lievito naturale ha una velocità molto inferiore rispetto al lievito di birra. Oltretutto sono meno soggetti a gommosità, rimangono più morbidi, si conservano più a lungo, ma occorre fare attenzione che possono prendere la muffa più facilmente e richiedono più tempo per asciugare in forno.
- Un metodo di preparazione alternativo a questa ricetta è usare, anziché il panno di cotone, della **carta da forno**, che verrà poi utilizzata anche in cottura (il pane si metterà direttamente nella pentola avvolto con la carta da forno).
- Se si usa la stessa pentola sia per la preparazione sia per la cottura non devono rimanere tracce dell'impasto, altrimenti in cottura bruciano.
- Per fare in modo che si formino degli alveoli molto grandi, è necessario rovesciare nella pentola il pane delicatamente e optare per una lievitazione della forma molto lunga.

Pane 100% farro

Delle tre tipologie di farro esistenti, una l'abbiamo già trattata in precedenza, il *monococcum*, ma mentre quest'ultimo è un farro con bassa attitudine panificatoria, paragonabile agli sfarinati di segale, il farro *spelta* utilizzato in questa ricetta è invece un'ottima farina che **resiste anche a lievitazioni medio-lunghe** (fino a circa 8 ore). In questa ricetta si è preparato un filoncino a media idratazione, completamente integrale e solo con lievito naturale. Per fare in modo che l'impasto prendesse maggiore forza si è impiegato il sale immediatamente, insieme alla farina (in genere andrebbe impiegato a metà impasto).

Per creare invece una quantità di vapore costante si è inserita in forno dell'acqua in un contenitore con delle posate. Il sistema crea molto vapore e in maniera costante.

Pane 100% farro

INGREDIENTI

- 1 kg di farina di farro spelta integrale
- 650 ml di acqua
- 300 g di pasta madre
- 30 ml di olio di oliva extravergine
- 30 g di sale marino

Temp. finale: 26 °C
Temp. di lievitazione: 22 °C per 12 ore

PREPARAZIONE

Sciogliere il lievito madre nell'acqua e aggiungere la farina setacciata miscelata al sale, lavorare gli ingredienti fino a quanto l'impasto inizia a legarsi. A questo punto aggiungere l'olio, farlo assorbire e proseguire fino a quanto l'impasto è liscio e omogeneo. Coprire e lasciar lievitare. Arrotolare l'impasto e intrappolarlo tra due supporti, lasciarlo lievitare 30 minuti e procedere alla cottura.

1. Impasto ultimato.

2. Arrotolamento impasto.

3. Impasto arrotolato.

4. Lievitazione tra due supporti.

5. Lievitazione ultimata.

6. Aggiunta di acqua in contenitore pieno di posate.

7. Cottura su teglia capovolta.   8. Cottura ultimata.

■ Pane 100% orzo

Il pane d'orzo è veramente molto buono (grazie anche ai semi di zucca), facile da realizzare e il suo sapore ricorda molto la birra. È inoltre una fonte di *betaglucani* e di *fosforo*, nonché di vitamine del gruppo B.

Il metodo di preparazione adottato sarà nuovamente utilizzato per la preparazione del pane senza glutine (impasto molto idratato nello stampo per pane in cassetta). Questo perché, sebbene l'orzo sia un cereale proibito al celiaco (contiene alcune prolammine tossiche per lo stesso), non è in grado di generare una trama sufficientemente legata da trattenere i gas di fermentazione.

INGREDIENTI PRIMO IMPASTO

- 400 g di farina d'orzo integrale
- 500 ml di acqua
- 130 g di pasta madre licoli

Temp. finale: 30 °C
Temp. di lievitazione: 20 °C per 5 ore

INGREDIENTI SECONDO IMPASTO

- 50 ml di acqua tiepida
- 30 g di semi di zucca
- 10 g di sale marino

Temp. finale: 30 °C
Temp. di lievitazione: 26 °C per 30 minuti

Pane 100% orzo

PREPARAZIONE

1. Sciogliere la pasta madre nell'acqua, aggiungere la farina e miscelare con un cucchiaio fino a ottenere un impasto omogeneo.

2. Dopo 5 ore di lievitazione vi sarà un'abbondante alveolatura (ma uno sviluppo non eccessivo).

3. Aggiungere l'acqua dove si è sciolto il sale, i semi di zucca e miscelare il tutto.

4. Distribuire i semi di zucca sul fondo dello stampo in silicone e aggiungere l'impasto.

5. Livellare con una spatola bagnata e aggiungere i semi di zucca.

6. Dopo 30 minuti di lievitazione inserire nel forno e cuocere a 200 °C per circa 45 minuti.

Pagnotta del Senatore

La prima cosa che si rileva, utilizzando gli sfarinati di grano duro (come il Saragolla, che abbiamo utilizzato nella ricetta del pane senza impasto), è l'eccezionale assorbimento di acqua, che oscilla intorno al 70% (e oltre), contro il 55-60% della farina di frumento, un'idratazione tale da creare un impasto ordinario. Si nota inoltre una mancata estensibilità dell'impasto (tenacità), che si può diminuire utilizzando acqua fredda (consigliata anche perché permette di allungare la lavorazione senza surriscaldare l'impasto), facendo l'autolisi oppure utilizzando una farina più estensibile come quella di farro o frumento (in parziale sostituzione).

La farina di Senatore Cappelli ha un tempo di idratazione molto lento; per fare in modo che assorba molta acqua pratichiamo l'autolisi.

Pagnotta del Senatore

INGREDIENTI

- 1 kg di semolato integrale di grano duro S. Cappelli
- 800 ml di acqua tiepida
- 300 g di pasta madre licoli
- 50 ml di olio di oliva extravergine
- 20 g di sale marino grezzo

Temp. finale: 26 °C
Temp. di lievitazione: 26 °C per 8 ore + 26 °C per 1 ora

PREPARAZIONE

1. Iniziare con l'autolisi: miscelare con lo scudo la farina con 700 ml di acqua, sospendere per 30 minuti.

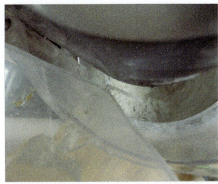

2. Aggiungere il licoli all'impasto autolitico, avviare l'impastatrice (sempre con lo scudo) e aggiungere il sale. Delicatamente inserire l'acqua rimasta.

3. Una volta assorbita, fermare l'impastatrice e raschiare l'impasto rimasto sui bordi della vasca.

4. Avviare nuovamente l'impastatrice sostituendo lo scudo con il gancio. Aggiungere l'olio gradualmente.

5. Una volta assorbito, rovesciare sul piano di lavoro leggermente infarinato e spatolare.

6. Rovesciare nella vasca dell'impastatrice oliata e praticare alcune pieghe di rinforzo nella vasca (almeno 1 ogni 4 ore)...

7. ... fino a lievitazione ultimata. A questo punto praticare nuovamente le pieghe, come fatto precedentemente...

8. ... e disporre, con le pieghe sopra, in un contenitore rotondo rivestito con un telo pulito e abbondantemente infarinato. Coprire e lasciar lievitare.

9. Rovesciare sulla pietra refrattaria con le pieghe sopra e praticare un taglio in superficie.

CONSIGLI UTILI

- È molto importante servirsi di uno stampo (durante la lievitazione), visto che il pane è estremamente morbido, altrimenti crescerà poco in altezza. Uno stampo ideale è quello in vimini per lievitazione.
- Per via della tenacità conferita da questo sfarinato, è opportuno praticare un taglio in superficie affinché l'impasto si apra, in prevalenza, in quella zona; diversamente si formano numerose spaccature.

■ Pane 100% segale

La preparazione ordinaria del pane 100% farina di segale determina spesso un risultato pessimo: impasto colloso, pane pesante e interno crudo, come abbiamo già avuto modo di vedere nell'introduzione. Ed è proprio alla luce di quelle considerazioni che è stata formulata questa ricetta, dove è stato impiegato un preimpasto caldo in combinazione con lievito madre che disattiva parzialmente le amilasi (eccessivamente attive nella segale, motivo per cui l'impasto è colloso) e si è usata una temperatura molto alta di fermentazione. Un altro segreto è stato di ottenere un impasto molto idratato (che ha più estensibilità rispetto a un impasto più asciutto) e usare lo stampo per pane in cassetta, che isola su tre lati l'impasto (permettendogli di crescere in altezza).

Pane 100% segale

INGREDIENTI IMPASTO CALDO
- 200 ml di acqua bollente (100 °C)
- 150 g di farina di segale integrale

Temp. finale: 80 °C
Temp. di lievitazione: 22 °C per 1 ora

INGREDIENTI IMPASTO FINALE
- 500 g di farina di segale integrale
- 400 ml di acqua
- 150 g di lievito madre
- 12 g di sale dell'Himalaya fine
- 3 g di lievito di birra fresco (o 2 g circa di quello secco)

Temp. finale: 28 °C
Temp. di lievitazione: 28 °C per 6 ore + 30 °C per 30 minuti

PREPARAZIONE

1. Lavorare la farina con l'acqua bollente fino a ottenere un impasto omogeneo. Coprire con pellicola e lasciar riposare per 1 ora a 20-22 °C.

2. Aggiungere quindi l'acqua miscelata al licoli e al lievito di birra. Lavorare con lo scudo e aggiungere tutta la farina subito dopo il sale.

3. Una volta che l'impasto è omogeneo (viene una pastella consistente), coprire e lasciar lievitare per 1 ora, dare quindi alcune pieghe di rinforzo direttamente nella vasca e lasciar lievitare nuovamente per 2 ore. Ripetere nuovamente un giro di pieghe e coprire.

4. A lievitazione ultimata formare un filoncino, infarinarlo abbondantemente, disporlo in un cestino a lievitare e coprire. Rovesciare successivamente e cuocere per almeno 1 ora e 15 minuti a 190 °C.

Pane speciale

Pane proteico ai legumi

Questa è una ricetta davvero innovativa, rispetto a gran parte di quelle precedenti (ma anche successive); questo pane è, infatti, costituito principalmente da farina di legumi e solo in una piccola percentuale da glutine, utile per consentire all'impasto di essere modellato. Sebbene l'impasto sia già da subito un po' appiccicoso, si è optato per una lievitazione lunghissima, in modo da ottimizzare la digeribilità del pane e disattivare gli antinutrienti presenti nelle farine di legumi; tale scelta implica però uno sviluppo inferiore dell'impasto: rimane più compatto e presenta crepe in superficie.

Pane proteico ai legumi

INGREDIENTI
- 500 ml di acqua
- 250 g di farina di lupino
- 150 ml di licoli
- 100 g di farina di lenticchie
- 100 g di farina di fave
- 100 g di farina di fagioli
- 75 g di glutine in polvere
- 30 ml di olio di oliva extravergine
- 10 g di sale marino grezzo

Temp. finale: 22 °C
Temp. di lievitazione: 22 °C per 16 ore

PREPARAZIONE

1. Sciogliere la pasta madre nell'acqua, aggiungere le farine miscelate, il sale, l'olio e impastare. Coprire e lasciar lievitare.

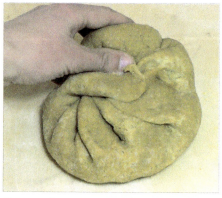

2. Rovesciare sul piano di lavoro infarinato, dare le pieghe di secondo tipo e infarinare la superficie del pane.

3. Porre nella cesta a lievitare coperta per almeno 2 ore.

4. Una volta lievitato, togliere dalla cesta e procedere alla cottura: 200 °C per 15 minuti e 180 °C per 30 minuti (di cui 10 in fessura).

CONSIGLI UTILI

- Per fare in modo che l'impasto sia liscio e omogeneo, ungersi le mani al termine della fase di impasto.

Capitolo 9
Pizze e focacce

Le pizze e le focacce sono due preparazioni molto gradevoli che possono annoverarsi tra gli alimenti salutistici purché siano preparate correttamente, cioè evitando cotture insufficienti (o eccessive), troppo sale oppure condimenti troppo grassi (o di qualità scadente). La cottura non adeguata è probabilmente uno dei problemi più diffusi in queste preparazioni: quante volte in pizzeria abbiamo mangiato una pizza "bruciacchiata"[1], parzialmente cotta (che ci fa bere tutta la notte), oppure così unta da farci venire la nausea?

Vediamo quali sono i segreti per ottenere una pizza/focaccia di qualità, massimizzando il gusto ma soprattutto l'aspetto salutistico.

Innanzitutto è opportuno che la cottura sia sempre effettuata per il tempo necessario, che varia molto da forno a forno e a seconda della dimensione (in particolare lo spessore) della preparazione. Per esempio, è comune cuocere le pizze molto spesse a temperature eccessivamente alte, che determinato una cottura parziale della pizza (croccante fuori, cruda dentro); la stessa cosa si presenta quando la pizza non viene stesa omogeneamente (più spessa in alcuni punti, meno in altri), rendendola, ancora una volta, in parte cruda e in parta bruciata. Per questo motivo, se non si è abili a stenderla, è molto meglio servirsi del mattarello.

Per massimizzare la gradevolezza delle pizze/focacce in teglia è sempre consigliabile, a fine cottura, **farle asciugare su una griglia** (togliendole prima dalla teglia), affinché la crosticina croccante che si è formata non si rammollisca.

La lievitazione in teglia deve essere sempre molto più veloce rispetto alla lievitazione della massa (puntata), in quanto le teglie di solito non si coprono e, se viene fatta in modo lento, asciuga in superficie e la lievitazione viene compro-

---

1 Se gli alimenti ricchi di carboidrati come il pane, la pizza e la focaccia sono sottoposti a una cottura eccessiva, tale da annerire la superficie (carbonizzare), si formano due sostanze cancerogene: gli *idrocarburi policiclici aromatici* e l'*acrilamide* (se ci sono anche grassi).

messa. A fine cottura è consigliabile aggiungere sempre un filo d'olio crudo per rendere la focaccia/pizza più appetitosa.

Le focacce/pizze possono essere insaporite (e dorate) ulteriormente aggiungendo del malto (*diastasico* in polvere) all'1,5% sul peso della farina (indicativamente, dipende dalla farina usata).

Per fare in modo che i buchi in superficie della focaccia rimangano e non si sollevino durante la cottura bisogna **affondarli molto bene**, ripassarli prima della cottura e fare in modo che l'olio aggiunto in superficie riempia gli stessi (poiché l'olio non evapora come l'acqua, il buco non riesce a sollevarsi). Invece, la **carta da forno** tra teglia e focaccia/pizza è sempre sconsigliata in quanto determina una minore sviluppo della stessa (rallenta la trasmissione del calore).

Per fare in modo che la pizza o focaccia si sviluppi al meglio, è opportuno avere teglie molto sottili e, se si usa un forno casalingo, metterle sul fondo del forno, aspettare che la base diventi dorata (si solleva con un coltello o una forchetta) e poi spostarle a metà, di solito per lo stesso tempo, ma questo dipende dalla teglia usata e dalla potenza del forno: a volte bastano 5-6 minuti sul fondo del forno, a volte il doppio.

Nel caso di impasti molto idratati è opportuno setacciare bene la farina e sospendere almeno 3-4 volte il processo di impasto; la pausa è solitamente di 10-15 minuti. Questo per favorire l'assorbimento dei liquidi. Inoltre si suggerisce di impastare con la spatola, in quanto con le mani è molto difficoltoso (l'impasto rimane attaccato alle mani).

Per stendere la pizza/focaccia è meglio usare la semola o il granito di grano tenero, non la farina, in quanto quest'ultima tende ad assorbire i liquidi dell'impasto (diminuendo l'idratazione) e tende inoltre a bruciarsi più facilmente.

Infine, capita spesso di non sapere quanto impasto sia necessario per la teglia che abbiamo a disposizione; per risolvere definitivamente questo problema, ecco di seguito come calcolare la quantità di impasto.

CALCOLO QUANTITÀ IMPASTO NECESSARIO	
Focaccia morbida spessa	Larghezza teglia (cm) x Lunghezza teglia (cm) x 0,65 = kg impasto
Focaccia fine	Larghezza teglia (cm) x Lunghezza teglia (cm) x 0,55 = kg impasto
In caso di una teglia tonda? Si moltiplica sempre per 0,65 o 0,55, in base allo spessore desiderato, il prodotto raggio x raggio x 3,14.	

Un altro problema ricorrente è il calcolo del peso dei panetti (o panielli) della pizza, in realtà non del peso complessivo degli stessi, che saremo noi a decidere (di solito oscillano tra 250 e 300 g), ma del peso degli ingredienti di cui sono costituiti (quanta acqua e quanta farina). Anche per questo si può ricorrere alla seguente formula:

Numero di panetti x (peso dei panetti desiderato/2) = **Farina necessaria**

(Farina necessaria/100) x idratazione desiderata = **Quantità d'acqua necessaria**

Supponiamo di voler fare 4 pizze tonde alla pala con panielli da 250 g idratati al 60%.

4 x (250/2) = 500 g di farina

(500/100) x 60 = 300 ml di acqua

Pizza 100% integrale

Questa ricetta è finalizzata a creare una pizza a lunghissima lievitazione (con lievito madre) a base di farina integrale costituita da tutto il chicco (quindi non una farina ottenuta da farina bianca miscelata alla crusca, come gran parte della farina commerciale). Il risultato è una pizza molto gradevole, ben lievitata e facilmente digeribile. La cottura è stata affidata al **fornetto elettrico con pietra refrattaria moddato**, quello che abbiamo visto a pagina 71, mentre l'impasto è stato disteso con i dorsi delle mani, uno dei tanti metodi per distendere le pizze.

Pizza 100% integrale

INGREDIENTI

- 150 g di farina di grano tenero integrale
- 100 ml di acqua tiepida
- 50 g di lievito naturale
- 8 g di olio di oliva extravergine
- 3 g di sale marino integrale

Temp. finale: 20 °C
Temp. di lievitazione: 20 °C per 20 ore

PREPARAZIONE

1. Sciogliere il lievito madre nell'acqua, aggiungere 100 g di farina e impastare; non appena si ottiene una pastella omogenea, aggiungere il sale e la farina restante. Impastare fino a ottenere una consistenza liscia e omogenea.

2. Porre a lievitare coperto fino al raddoppio.

3. Allargare sul piano di lavoro, aiutandosi con il dorso delle mani.

4. Disporre sulle palette di legno infarinate.

5. Condire a piacere.

6. Disporre l'impasto sulla pietra refrattaria del forno e chiudere.

7. Dopo due minuti, aprire e ruotare la pizza.

8. A cottura ultimata, sezionando il cornicione, si dovrebbe evidenziare l'assenza di mollica.

9. La parte sottostante sarà dorata e a macchia di leopardo.

CONSIGLI UTILI

- La ricetta è volutamente senza mozzarella; se si volesse inserirla si utilizza lo stesso procedimento.
- Attenzione che, per cuocere la pizza nel fornetto utilizzato in questa ricetta, è opportuno non esagerare con la dimensione della stessa, altrimenti il bordo (cornicione) non subisce una cottura ottimale.
- Se la resistenza superiore non fosse sufficientemente calda quando si inforna la pizza, non si avrà uno sviluppo ottimale. Allo stesso tempo la base sarà bruciata mentre il bordo sarà crudo. Per rimediare è possibile inserire un disco sotto la pizza (di metallo, come un coperchio di una pentola).

Pizza 100% segale

La farina di segale, come abbiamo visto nell'introduzione, è difficile da utilizzare, per lo meno con i metodi tradizionali che si utilizzano per gli impasti costituiti da farine di frumento. Alcuni metodi li abbiamo adottati nella preparazione del pane 100% segale (a pagina 96), un altro simile lo illustreremo ora in questa ricetta. Rispetto alla precedente, in cui il 30% dell'impasto era stato preparato con acqua bollente, in questa ricetta l'impasto è totalmente preparato con acqua bollente, soluzione che lo rende molto più duttile, sebbene vada a denaturare in misura maggiore il glutine.

Pizza 100% segale

INGREDIENTI IMPASTO

- 300 g di farina di segale integrale
- 240 ml di acqua
- 100 ml di licoli
- 6 g di sale
- 1 g di lievito di birra secco

Temp. finale: 30 °C
Temp. di lievitazione: 28 °C per 6 ore + 22 °C per 1 ora

CONDIMENTI

- Muscolo di grano
- Parmigiano vegan
- Pomodoro
- Rucola
- Carciofi

PREPARAZIONE

1. In una brocca miscelare la farina, il sale e l'acqua a 100 °C. Attendere 30 minuti.

2. Aggiungere il licoli, impastare, oliare la superficie e coprire.

3. Una volta che l'impasto è raddoppiato...

4. ... stendere con il mattarello, aiutandosi con della carta da forno.

5. Disporre nella teglia, condire e lasciare lievitare.

CONSIGLI UTILI

- Non usare l'olio nell'impasto (la pizza è comunque molto morbida).
- Se si impiega la mozzarella, va inserita gli ultimi 15-20 minuti di cottura.
- Non eccedere con lo spessore dell'impasto (pena cottura insufficiente dello stesso).
- La colorazione molto scura è normale (è dovuta al tempo di lievitazione così lungo e ovviamente alla presenza della farina di segale). Attenzione però a non sospendere la cottura prima che sia ultimata (il fatto che si colori prima potrebbe indurre in errore).
- Tempi di lievitazione minori, con quantità di lievito maggiore, generano un impasto più sviluppato ma anche meno digeribile rispetto a questo.

Pizza di riso senza glutine

Questa ricetta della pizza di riso è realizzata senza l'ausilio di idrocolloidi, grazie al metodo di preparazione analogo al pane nello stampo: viene utilizzato un disco di acciaio proprio per sostenere l'impasto.

Pizza di riso senza glutine

INGREDIENTI IMPASTO
- 225 ml di acqua tiepida
- 150 g di farina di riso integrale
- 50 g di farina di ceci
- 50 g di licoli senza glutine
- 6 ml di olio extravergine
- 4 g di sale grezzo
- 1 g di lievito fresco
- 1 g di zucchero di canna grezzo

Temp. finale: 26 °C
Temp. di lievitazione: 20 °C per 10-12 ore

CONDIMENTI (Q.B.)
- patate al forno
- spinaci
- pomodori secchi
- origano
- olio extravergine
- sale marino

PREPARAZIONE

1. Miscelare nell'acqua il lievito di birra e il licoli, aggiungere la farina, il sale e l'olio extravergine. Una volta che l'impasto è liscio e omogeneo, coprire e lasciar lievitare.

2. Ungere un disco di acciaio e posizionarlo su una teglia capovolta su cui è disposto un foglio di carta da forno. Distribuire l'impasto (100 g).

3. Aiutandosi con un sac à poche distribuire la salsa al pomodoro.

4. Aggiungere gli altri ingredienti e cuocere per 15-17 minuti a 200 °C...

5. ... fino a quando la circonferenza è dorata come il fondo

CONSIGLI UTILI

- Lo spessore è volutamente molto contenuto per fare in modo che l'impasto non sia crudo all'interno. Se si vuole una pizza più spessa (e più morbida), è necessario usare una farina di legumi precotta, tipo quella di lupino tostata o di soia tostata.
- La salsa di pomodoro non va impiegata in abbondanza (per facilitare la cottura dell'impasto).
- È consigliabile verificare che il fondo della pizza, dopo 10-12 minuti di cottura, non stia bruciando; in tal caso spegnere la resistenza posta sul fondo del forno.
- La distribuzione dell'impasto può essere fatta, oltre che con il sac à poche, ungendo con un po' d'olio o acqua un cucchiaio per facilitare la distribuzione, o ancora sbattendo la teglia tenendo il cerchio.

Pizza 100% Kamut®

Per la preparazione della pizza di Kamut® si è optato per la farina setacciata macinata a pietra, non eccessivamente raffinata ma sufficientemente capace a generare un impasto legato.

Pizza 100% Kamut®

Rispetto a un impasto tradizionale, si è ritenuto necessario usare una quantità d'acqua maggiore, che ha determinato un impasto molto morbido. Questa è una consistenza poco adatta per realizzare una pizza tonda da cuocere su pietra refrattaria, ma questa difficoltà si è superata semplicemente aumentando la quantità di farina utilizzata per stenderla; grazie a ciò, si è riusciti ad allargare adeguatamente l'impasto. Per la lievitazione si è invece optato per il licoli ma, facoltativamente, si consiglia anche un po' di lievito di birra, che facilita notevolmente lo sviluppo della stessa, in particolare dei bordi (cornicione).

INGREDIENTI

- 150 g di farina di Kamut® setacciata
- 110 ml di acqua
- 60 g di licoli
- 2 g di sale marino
- 0,8 g di lievito di birra fresco (facoltativo)

Temp. finale: 22 °C
Temp. di lievitazione: 22 °C per 8-9 ore

CONDIMENTI

- rosmarino
- insalata
- olive
- seitan
- cipolle
- pomodorini

PREPARAZIONE

1. Stemperare il licoli nell'acqua insieme al lievito di birra, aggiungere la farina miscelata al sale e lavorare finché l'impasto risulta liscio. Inserire in un contenitore e sigillare.

2. Una volta aumentato il volume...

3. ... rovesciare sul piano di lavoro infarinato e allargare l'impasto iniziando dal centro.

4. Sospendere non appena l'impasto è stato appiattito in modo omogeneo e presenta una bordatura di circa 1,5 cm.

5. Condire e infornare sulla pietra refrattaria in temperatura.

6. Aggiungere gli ingredienti che devono (o si desidera) rimanere crudi (insalata, olio, olive ecc.).

CONSIGLI UTILI

- Il contenitore dove è messo il paniello a lievitare è opportuno che sia ben infarinato, come è opportuno che sia ben infarinato il paniello stesso. Diversamente, potrebbe molto probabilmente dividersi per la debolezza della farina.
- Qualora la pietra refrattaria non fosse sufficientemente calda, la pizza presenterà uno sviluppo decisamente minore e la superficie sottostante sarà parzialmente cruda.
- La salsa di pomodoro può essere arricchita con un po' di polpa concentrata, olio, sale marino e basilico tritato.
- Durante la cottura è opportuno ruotare la pizza qualche volta per una cottura omogenea.

Focaccia di farro con poolish

Questa focaccia è preparata con farro dicoccum integrale ed è lievitata con l'ausilio del poolish, il prefermento semiliquido costituito da farina e acqua in quantità identiche[2] e un'irrisoria quantità di lievito. Sebbene la farina di farro dicoccum sia estremamente debole rispetto alla classica farina di frumento (non permette una lunghissima lievitazione), grazie all'utilizzo del poolish è possibile protrarre nel tempo la fermentazione senza che il glutine collassi.

Focaccia di farro con poolish

INGREDIENTI POOLISH

- 180 ml di acqua
- 150 g di farina di farro dicoccum semintegrale
- 0,5 g di lievito di birra fresco

Temp. finale: 18 °C
Temp. di lievitazione: 18 °C per 12 ore

INGREDIENTI IMPASTO

- 170 g di farina di farro dicoccum semintegrale
- 80 ml di acqua
- 7 g di sale dell'Himalaya

---

2 Poiché la capacità della farina di farro di assorbire acqua è molto elevata, è necessario sbilanciare la % di acqua nel poolish in quanto, in quantità identiche, l'impasto diventa più semi solido che semi liquido. Se si usasse, invece, una farina di farro bianca, il peso dell'acqua sarebbe identico al peso della farina.

Temp. finale: 22 °C
Temp. di lievitazione: 26 °C per 1 ora

INGREDIENTI CONDIMENTO
- cipolla bionda
- olive verdi
- rosmarino
- pepe
- sale marino

PREPARAZIONE

Preparare il poolish, coprire e lasciar lievitare. Aggiungere il sale, la farina e impastare brevemente. Sospendere per 30 minuti, rovesciare sul piano di lavoro e dare alcune pieghe di secondo tipo. Dopo 15 minuti di riposo, allungare sulla teglia antiaderente, condire, lasciar lievitare 1 ora in forno e cuocere per 20 minuti, di cui 8 a 250 °C sul fondo del forno e 10-12 a metà.

1. Impasto grezzo.

2. Impasto ultimato.

3. Stesura su teglia oliata.

4. Focaccia condita.

5. Focaccia lievitata pronta per essere cotta.

CONSIGLI UTILI

- Le cipolle vanno tagliate finemente e passate in padella con un velo d'olio e sale, prima di essere impiegate. Vanno poi pepate e insaporite con un po' di prezzemolo fresco.
- Durante la fase di impasto finale, se l'impasto dovesse essere eccessivamente appiccicaticcio, si spolvera con un po' più di farina.
- La cottura sul fondo del forno va fatta tra i 5 e i 10 minuti (a seconda dello spessore della teglia).
- Le cipolle vanno cotte senza conferire troppo colore; diversamente, nella cottura in forno, bruciano.

Focaccia di Kamut® ad alta idratazione

Questa ricetta è molto particolare in quanto è ottenuta con una percentuale di acqua piuttosto alta e una cottura in **teglia di ferro blu**, che la rende molto croccante sul fondo e morbida al centro. Poiché l'impasto è molto idratato richiede un po' di accuratezza nel manovrarlo, visto che tende a rimanere attaccato alle mani (e a tutto ciò con cui viene a contatto). L'idratazione è alta, considerando il tipo di sfarinato; se la stessa focaccia fosse preparata con semola rimacinata di grano duro, la percentuale di acqua sarebbe poco più alta del normale.

INGREDIENTI

- 650 g di farina di Kamut® integrale
- 500 ml di acqua
- 65 ml di succo di limone fresco
- 6 g di lievito di birra secco

- 12 g di sale marino grezzo
- 6 g di zucchero di canna

INGREDIENTI SALAMOIA

- 100 ml di acqua
- 30 ml di olio
- 8 g di sale grezzo

Temp. finale: 22 °C
Temp. di lievitazione: 22 °C per 6 ore + 26 °C per 1 ora

Focaccia di Kamut® ad alta idratazione

PREPARAZIONE

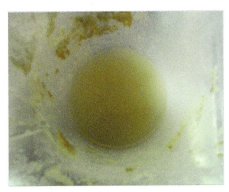

1. Sciogliere il lievito in 200 ml di acqua (45 °C) con lo zucchero; attendere 30 minuti.

2. Aggiungere la farina (300 g) e miscelare.

3. Aggiungere il sale e miscelare.

4. Miscelando, aggiungere la farina gradualmente.

5. Rovesciare sul piano di lavoro e spatolare qualche minuto; coprire.

6. Spatolare nuovamente dopo 15 minuti (eseguire spatolamento e pausa ancora una volta).

7. Una volta che si è formata la maglia glutinica...

8. ... spolverare la superficie.

9. Disporre l'impasto in una caraffa graduata oliata.

10. Una volta lievitato…

11. … rovesciare sul piano molto infarinato e infarinare anche la superficie. Allungare iniziando dai bordi.

12. Capovolgere sull'avambraccio destro e poi su quello sinistro.

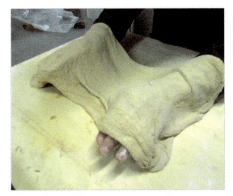

13. Sollevare l'impasto molto velocemente e disporre in teglia.

14. Sistemarlo su tutta la superficie della teglia, in maniera omogenea.

15. Oliare la superficie e formare i buchi.

16. Salare e sospendere per 1 ora.

17. Versare l'acqua sulla superficie.

18. Inserire nel forno sul fondo (non nell'ultimo, proprio sul fondo).

19. Dopo che l'acqua si è asciugata, portare all'ultimo livello del forno (o al livello subito precedente).

20. Una volta cotta, oliare nuovamente e aggiungere un pizzico di sale grosso.

CONSIGLI UTILI

- La cospicua quantità d'acqua presente nell'impasto conferisce a questa focaccia una morbidezza ineguagliabile ma rende anche l'impasto molto morbido e difficile da manovrare. Chi non ha esperienza con queste tipologie di impasto è opportuno che riduca la quantità d'acqua; una quantità ragionevole è il 30%, ovvero, anziché 500 ml di acqua, 400 ml di acqua (il resto rimane invariato).
- Chi avesse difficoltà a "caricare" l'impasto sull'avambraccio può allargare la focaccia direttamente in teglia, sebbene il rischio che si attacchi sulla stessa sia alto.

Pizza stracchino di tofu e rucola

Questa ricetta è realizzata con un metodo molto semplice e potrebbe presentare una valida soluzione per una pizzeria; questo perché la pizza realizzata con questo sistema richiede poco tempo, genera un impasto molto gustoso ed evita la presenza di ogni tipo di idrocolloidi.

Questo impasto non è però indicato per una cottura prolungata in forno, in quanto si crepa sulla superficie.

Pizza stracchino di tofu e rucola

INGREDIENTI IMPASTO

- 200 ml di acqua
- 50 g di farina di ceci
- 30 g di farina di riso
- 20 g di farina di grano saraceno
- 3 g di sale marino grezzo
- 3 ml di miele
- 1 g di lievito di birra fresco

Temp. finale: 26 °C
Temp. di lievitazione: 20 °C per 4 ore

INGREDIENTI CONDIMENTO

- Rucola
- Pomodorini
- Crema di tofu spalmabile

PREPARAZIONE

1. Sciogliere il lievito nell'acqua, aggiungere le farine, il sale e miscelare.

2. Una volta lievitato, rovesciare nella pentola fredda, fino a raggiungere il bordo...

3. ... e mettere a cuocere.

4. Cuocere l'impasto finché si stacca dalla pentola e, con un pennello di silicone, sigillate i buchi con l'impasto rimasto.

5. Passare facoltativamente in forno per 5 minuti a 200 °C per conferire croccantezza.

6. Farcire a piacere.

CONSIGLI UTILI

- Lo stesso impasto si può utilizzare per una pizza dolce.
- Questa ricetta è ottima per le pizzerie, per esempio sostituendo il lievito di birra con lievito chimico.
- Durante il passaggio in forno è possibile farcire la pizza in modo che gli ingredienti cuociano.

Focaccia ai cereali senza glutine

Questa focaccia è estremamente buona; inoltre, la combinazione degli ingredienti impiegati la rendono particolarmente morbida e gustosa.

INGREDIENTI IMPASTO

- 450 ml di acqua
- 350 g di farina di tapioca
- 50 g di fecola di patate
- 60 g di farina di lupino
- 30 g di farina di amaranto
- 30 g di farina di miglio
- 60 g di farina di riso
- 24 g di metolose
- 12 g di sale marino grezzo
- 10 g di lievito di birra fresco
- 15 g di olio di oliva extravergine
- 15 g di miele

Temp. finale: 26 °C
Temp. di lievitazione: 26 °C per 2 ore

Focaccia ai cereali senza glutine

PREPARAZIONE

1. Miscelare gli ingredienti secchi, aggiungere l'acqua e successivamente l'olio.

2. Trascorsi 15 minuti, disporre nella teglia unta d'olio e distribuire l'impasto.

3. Distribuire il sale, ...

4. ... l'olio extravergine...

5. ... e l'acqua, prendendola da una brocca. Una volta lievitata, cuocere per 6 minuti sul fondo del forno a 250 °C, poi 24 minuti a 200 °C a metà.

CONSIGLI UTILI

- Qualora, durante la formazione di fori, si dovesse bucare l'impasto, non ci sono problemi.

Pizza di tapioca senza glutine

Questa pizza senza glutine è davvero molto saporita, non solo per gli ingredienti impiegati, ma anche per la consistenza e il sapore dell'impasto.

INGREDIENTI IMPASTO

- 450 ml di acqua
- 350 g di farina di tapioca
- 50 g di farina di lupino

- 25 g di farina di amaranto
- 25 g di farina di grano saraceno
- 50 g di farina di riso
- 20 g di metolose
- 12 g di olio di oliva extravergine
- 12 g di miele
- 10 g di sale marino grezzo
- 8 g di lievito di birra fresco

CONDIMENTI
- finocchi freschi (tagliati e condititi con olio e aceto)
- salciccia di mopur
- olive verdi al peperoncino
- basilico
- origano
- sale marino

Temp. finale: 26 °C
Temp. di lievitazione: 26 °C per 2 ore

Pizza di tapioca senza glutine

PREPARAZIONE

1. Miscelare le polveri, aggiungere l'acqua, il miele e per ultimo l'olio.

2. Lavorare gli ingredienti fino a quando si è ottenuto un impasto liscio, omogeneo ed elastico.

3. Stendere su una teglia unta e condire con la salsa di pomodoro, il mopur e le olive. Una volta lievitata, cuocere per 6 minuti sul fondo del forno a 250 °C e poi 24 minuti a 200 °C a metà del forno.

■ Focaccia all'arancia dolce

Questa focaccia dolce è realizzata utilizzando una piccola quantità di lievito madre combinata con il succo d'arancia fermentato. Lo sviluppo e il sapore sono ineguagliabili.

INGREDIENTI PREIMPASTO

- 350 ml di succo d'arancia fresco
- 50 ml di licoli

Temp. di lievitazione: 22 °C per 24 ore

INGREDIENTI IMPASTO

- 500 g di sfarinato integrale di Saragolla
- 150 g di gocce di cioccolato tenuto in congelatore
- 100 ml di succo d'agave
- 50 ml di olio di girasole
- 5 g di sale grezzo marino
- la scorza di due arance

Temp. finale: 26 °C
Temp. di lievitazione: 26 °C per 6 ore

CONDIMENTO

- 100 g di gocce di cioccolato sulla superficie

Focaccia all'arancia dolce

PREPARAZIONE

1. Spremere 2-3 arance, filtrare il succo e aggiungere il licoli.

2. Una volta fermentato, aggiungere il succo d'agave, il sale marino, la scorza e metà farina, impastare, aggiungere l'olio, impastare ancora e aggiungere la restante farina.

3. Una volta lievitato, stendere sulla teglia oliata e cospargere la superficie di gocce di cioccolato. Cuocere per 25 minuti a 200 °C.

CONSIGLI UTILI

- Durante la fase di lievitazione è opportuno dare almeno 2 pieghe di rinforzo ogni 2 ore.
- È opportuno rispettare la temperatura di lievitazione in modo rigoroso, poiché il potere fermentativo del succo fermentato è molto basso, pertanto è necessario assicurare le condizioni ottimali indicate.

Capitolo 10
Pane senza glutine

Come è già stato anticipato nell'Introduzione a pagina 1, il segreto per ottenere un pane da farine senza glutine, senza l'ausilio di idrocollodi, è quello di fare **impasti molto idratati, lievitazioni rapide e utilizzare degli stampi.** Tuttavia, partendo da questa regola base, vedremo le varie sfumature possibili.

Tutte le ricette indicate in questa sezione possono essere preparate anche con il lievito per dolci, con il quale lo sviluppo è maggiore ma il gusto è decisamente meno gradevole (il lievito di birra, oltre a generare la lievitazione dei prodotti da forno, è in parte responsabile del loro aroma e sapore).

Se si opta per questo tipo di lievito il pane non sarà tuttavia dorato in superficie perché, non essendoci maturazione, non si formano gli zuccheri indispensabili alla colorazione della crosta (*reazione di Maillard*), anche se una leggera doratura potrebbe presentarsi comunque per via degli zuccheri naturalmente presenti nella farina.

Per assicurarsi che il pane preparato con le ricette che vedremo sia cotto, è opportuno fare sempre una prova con lo stecchino: introdurlo all'interno del pane cotto e verificare che non esca intriso di impasto umido. Inoltre, è opportuno cuocerlo sempre con la valvola del forno aperta (forno professionale) o forno in fessura (forno casalingo).

N.B. Il pane preparato con il metodo "impasto morbido nello stampo del pancarré", conserva ancora molta acqua al suo interno, di conseguenza è opportuno prestare molta attenzione alla conservazione (se mantenuto a temperatura ambiente, dopo pochi giorni inizierà a formarsi sul pane la muffa). Si può conservare al meglio mettendolo nel congelatore a fette o tostandolo.

Calcolo della quantità di impasto nello stampo

Come per la focaccia, anche in questo caso è possibile calcolare la quantità di impasto necessaria per la realizzazione del pane; per fare il calcolo è però necessario verificare il tasso di idratazione della farina impiegata nell'impasto, con la seguente formula:

(Acqua/farina) x 100 = % di idratazione

CALCOLO QUANTITÀ IMPASTO NECESSARIO	
Idratazione 100%	Larghezza x Lunghezza x Altezza x 0,444
Idratazione 110%	Larghezza x Lunghezza x Altezza x 0,466
Idratazione 120%	Larghezza x Lunghezza x Altezza x 0,488
Idratazione 130%	Larghezza x Lunghezza x Altezza x 0,511
Idratazione 135%	Larghezza x Lunghezza x Altezza x 0,518

CALCOLO INGREDIENTI NECESSARI	
Quantità di farina x idratazione al 100% (g)	Totale impasto x 0,500
Quantità di farina x idratazione al 110% (g)	Totale impasto x 0,476
Quantità di farina x idratazione al 120% (g)	Totale impasto x 0,455
Quantità di farina x idratazione al 130% (g)	Totale impasto x 0,435
Quantità di farina x idratazione al 135% (g)	Totale impasto x 0,429

Per conoscere la quantità di acqua da impiegare basta semplicemente sottrarre al peso dell'impasto quello della farina, per esempio: 3.500 g di impasto – 1.500 g di farina = 2.000 g di acqua.

Il calcolo non contempla il sale, l'olio e il lievito, ma questi ingredienti si calcolano semplicemente in percentuale sul peso della farina (sale 2%, olio 5%, lievito da 2% a scendere).

Pane 100% quinoa

Dalla quinoa si ottiene una farina molto gustosa e gradevole, che presenta un sapore quasi mentolato.

Lo stesso sapore si ritrova nel pane e in tutti i prodotti da forno in cui viene impiegata. In questa ricetta del pane 100% quinoa è possibile assaporare appieno il sapore di questo straordinario pseudocereale. Rispetto ad altre ricette che vedremo in seguito, il pane 100% quinoa richiede una cottura più lunga (l'impasto cede molto lentamente l'acqua contenuta).

Pane 100% quinoa

INGREDIENTI POOLISH

- 400 ml di farina integrale di quinoa
- 500 ml di acqua
- 4 g di lievito di birra fresco

Temp. finale: 26 °C
Temp. di lievitazione: 23 °C per 6 ore

INGREDIENTI IMPASTO FINALE

- 100 g di farina integrale di quinoa
- 130 ml di acqua
- 30 g di olive
- 30 g di pomodori secchi
- 10 g di sale marino

Temp. finale: 26 °C
Temp. di lievitazione: 26 °C per 15 minuti
Dimensioni stampo: 15 x 15 x 30 cm

PREPARAZIONE

1. Sciogliere il lievito nell'acqua, aggiungere la farina e miscelare nuovamente.

2. Una volta lievitato (una volta, cioè, che presenta un'abbondante alveolatura)...

3. ... rovesciare in un contenitore capiente e aggiungere gli ingredienti restanti.

4. Miscelare finché si è ottenuta una consistenza omogenea.

5. Versare nello stampo per il pane in cassetta, attendere che lieviti.

6. Cuocere per circa 2 ore (60 minuti a 200 °C, 30 minuti a 180 °C e 30 minuti a 160 °C).

CONSIGLI UTILI

- Il tempo di cottura così lungo è dovuto alla pezzatura molto grande; per pezzature di dimensioni minori il tempo è ovviamente molto ridotto (per esempio, facendo due impasti più piccoli il tempo di cottura si riduce molto). Oppure si cuoce il pane per 1 ora alle condizioni descritte e per l'ora restante servendosi del forno spento (in linea di massima dovrebbe bastare il calore residuo per cuocerlo sufficientemente), anche se c'è, comunque, il rischio che collassi.

Pane 100% avena

L'avena, contrariamente a quello che si pensa, non contiene **glutine** (*glutenina* e *gliadina*), sebbene sia un cereale che generalmente non viene utilizzato o suggerito al celiaco[1].

La caratteristica primaria di questo pane è il **bassissimo indice glicemico**, l'elevato contenuto di fibra solubile (tra cui gli importantissimi *betaglucani*) e grassi nobili. Questa ricetta prevede la farina di fiocco d'avena, ovvero la farina otte-

---

1 L'avena, pur essendo un cereale senza glutine, contiene tuttavia alcune prolamine (frazioni delle proteine) che possono creare problemi a un celiaco (anche se studi recenti hanno dato pareri contrastanti). Inoltre l'avena ha un elevato rischio di contaminazione con cereali con glutine, in quanto buona parte dei processi cui è sottoposta (raccolta, decorticatura, macinazione e confezionamento) sono spesso eseguiti su macchine che allo stesso tempo lavorano cereali con glutine.

nuta dalla macinazione dell'avena precedentemente cotta a vapore e laminata tra due rulli. Questo tipo di farina è migliore perché ha un sapore più gradevole, una capacità di legarsi maggiore (*amido pregelatinizzato*) e una conservazione più lunga (inibizione della *lipasi* che renderebbe la farina rancida). La farina di fiocco d'avena si trova anche sotto un altro nome, ovvero crema di avena (è quella che viene usata per addensare le minestre dei bambini).

Pane 100% avena

INGREDIENTI IMPASTO

- 800 ml di acqua
- 500 g di farina di fiocco d'avena integrale
- 25 g di sesamo nero
- 10 g di sale marino
- 5 g di lievito di birra fresco
- 5 g di zucchero grezzo di canna

Temp. finale: 26 °C
Temp. di lievitazione: 26 °C per 5 ore

PREPARAZIONE

1. Sciogliere nell'acqua il lievito di birra con lo zucchero, aggiungere la farina, il sesamo e il sale. Miscelare gli ingredienti fino a rendere il composto omogeneo.

2. A lievitazione ultimata versare nello stampo, quindi coprire con pellicola trasparente.

3. Una volta che l'impasto è lievitato di circa il 10-15% aggiungere i semi di sesamo in superficie e procedere alla cottura.

CONSIGLI UTILI

- È opportuno setacciare la farina perché solitamente ha molti grumi, inoltre è importante inserirla nell'acqua con delicatezza per evitare la formazione di grumi (pena il mancato sviluppo del pane).

Pane 100% avena con pasta madre

La precedente ricetta è già ottenuta con una bassa quantità di lievito, ma essa si può ulteriormente migliorare impiegando lievito naturale, anche se il lievito di birra, specialmente in quantità generosa, accelera la fermentazione, permettendo un ottimo sviluppo del pane (malgrado l'anidride carbonica sviluppata si disperda in parte nell'ambiente).

Con il lievito di birra in quantità generosa l'anidride carbonica sviluppata all'interno dell'impasto è maggiore di quella dispersa[2]; infatti, sebbene gli impasti di questo tipo ne disperdano molta, il lievito di birra ne produce così tanta da permettere una sorta di equilibrio. Questa condizione non è possibile, però, ottenerla usando, come in questo caso, il lievito naturale, che produce anidride carbonica lentamente. Bisogna pertanto inventarsi qualcos'altro.

Pane 100% avena con pasta madre

---

2   In realtà non è proprio sempre questione di equilibrio tra anidride carbonica trattenuta e dispersa, ma comunque è importante che vi sia un buono sbilanciamento tra quella trattenuta e quella dispersa.

Poiché il lievito naturale richiede numerose ore di lievitazione, durante le quali i debolissimi legami che si formano all'interno dell'impasto si "slegano", bisogna far sì che si creino nuovamente. Per fare questo basta aggiungere una piccola percentuale di farina fresca all'impasto lievitato (10% su quella totale) e, come è possibile vedere in seguito, il risultato è eccezionale.

Non è solo ovviamente merito di questa aggiunta, ma anche del sale impiegato al termine della lievitazione principale (che ha permesso al lievito naturale di "lavorare" più velocemente).

INGREDIENTI

- 400 g di farina di avena da fiocco
- 400 ml di acqua tiepida
- 150 ml di lievito licoli

Temp. finale: 26 °C
Temp. di lievitazione: 22 °C per 6 ore

INGREDIENTI 2° IMPASTO

- 200 ml di acqua tiepida
- 100 g di farina di fiocco d'avena
- 12 g di sale marino grezzo
- 10 g di miele

Temp. finale: 26 °C
Temp. di lievitazione: 28 °C per 40 minuti

PREPARAZIONE

1. Stemperare il lievito naturale nell'acqua, aggiungere la farina e miscelare.

2. Coprire in modo ermetico con una pellicola trasparente e porre a lievitare/fermentare.

3. A lievitazione ultimata, il volume sarà circa il doppio e, all'interno, sarà presente un'abbondante alveolatura.

4. In un contenitore a parte stemperare nell'acqua il sale, il miele e aggiungere la farina; non appena l'impasto è omogeneo, aggiungerlo a quello lievitato con un movimento dal basso verso l'alto, facendo attenzione a non sgonfiare eccessivamente l'impasto (come si fa per il pan di Spagna).

5. Rivestire una pentola con carta da forno (se si ha una pentola antiaderente non è necessario), versare l'impasto all'interno e coprirlo con della pellicola trasparente.

6. A seconda lievitazione ultimata, e prima che si presentino evidenti screpolature in superficie, togliere la pellicola e cuocere in forno per 1 ora e 15 minuti, 1 ora e 30 minuti al massimo.

7. Dopo 1 ora di cottura togliere dalla pentola...

8. ... e riporlo sulla griglia del forno per circa 15-30 minuti a 150 °C.

9. Eccolo pronto! morbidissimo e deliziosissimo!

CONSIGLI UTILI

- Se la consistenza finale dell'impasto non è come quella della foto, aggiungere una piccola parte di farina/acqua (a seconda che sia troppo asciutto o troppo liquido).
- Il tempo di cottura dipende dalla pezzatura e dal tipo di forno; è bene coprire eventualmente la superficie se dovesse colorarsi troppo.

Pane lupini e tapioca

La pagnotta che viene realizzata con questo impasto è davvero molto deliziosa, non solo nel sapore, ma anche nella consistenza dell'impasto, nel colore della crosta e nella conservazione nel tempo. L'unica accortezza è di praticare una cottura molto lunga con il forno in fessura per almeno metà del tempo.

Pane lupini e tapioca

INGREDIENTI

- 450 ml di acqua
- 350 g di farina di tapioca
- 50 g di farina di ceci
- 50 g di fecola di patate
- 60 g di farina di riso
- 30 g di farina di miglio
- 30 g di farina di amaranto
- 24 g di metolose

- 15 g di miele
- 15 g di olio di oliva extravergine
- 12 g di sale marino grezzo
- 10 g di lievito di birra fresco

Temp. finale: 26 °C
Temp. di lievitazione: 24 °C per 2 ore

PREPARAZIONE

1. Miscelare gli ingredienti secchi (farine, lievito, sale, addensanti), aggiungere l'acqua e impastare.

2. Aggiungere quindi l'olio.

3. Lavorare gli ingredienti fino a ottenere un impasto liscio e omogeneo.

4. Disporre in un cestino da lievitazione abbondantemente infarinato con farina di mais. Coprire e lasciar lievitare.

5. Una volta lievitato, cuocere a 200 °C per 1 ora, 1 ora e 15 minuti.

CONSIGLI UTILI

- La lievitazione deve terminare prima che l'impasto mostri crepe in superficie.
- È possibile preparare, con lo stesso impasto, delle pagnotte più piccole (in questo caso sono molto più leggere).
- Il cestino da lievitazione non è obbligatorio, si può anche non usare.

Pane ai semi di papavero

Le pagnotte che vengono realizzate con questo impasto sono davvero molto gradevoli, non solo nel sapore, ma anche nella consistenza dell'impasto, nel colore della crosta e in ultimo, ma non meno importante, hanno una conservazione lunga nel tempo. L'unica accortezza è di praticare una cottura sufficientemente prolungata con il forno in fessura per almeno metà del tempo.

INGREDIENTI

- 400 ml di acqua
- 230 g di farina di tapioca
- 120 g di fecola di patate
- 50 g di farina di riso
- 50 g di farina di soia tostata
- 25 g di farina di mais fumetto fine
- 25 g di farina di grano saraceno
- 20 g di metolose
- 12 g di miele
- 12 g di olio di oliva extravergine
- 10 g di sale marino grezzo

- 8 g di lievito di birra fresco
- 5 g di xantano

Temp. finale: 26 °C
Temp. di lievitazione: 22 °C per 2 ore

Pane ai semi di papavero

PREPARAZIONE

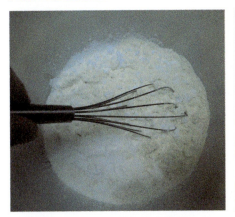

1. Miscelare gli ingredienti secchi (farine, lievito, sale, addensanti), aggiungere l'acqua, il miele e impastare; aggiungere quindi l'olio. Lavorare gli ingredienti fino a ottenere un impasto liscio e omogeneo.

2. Dividere in tre pezzi e arrotolare.

3. Immergere velocemente in un contenitore d'acqua…

4. … e roteare in un altro contenitore riempito con semi di papavero. Una volta lievitato, cuocere a 200 °C per 40-45 minuti (di cui 20 minuti in fessura).

CONSIGLI UTILI

- I semi possono anche essere "attaccati" umidificando la superficie con un pennello.

■ Pane Injera

L'Injera è una tipologia di pane tipica dell'Etiopia, simile a una piadina, che si prepara con la farina del teff. Viene comunemente servito con il *wot*, il *doro wot* (pollo), il *sega wot* (spezzatino di carne), verdure e formaggio *aib*.

Alcune ricette prevedono anche la farina di miglio e la farina di fieno greco (che pare migliori la panificabilità della farina di teff), ma l'Injera originale è costituito unicamente da teff. Da questo cereale non si ottiene una farina soltanto, ma due: una più chiara e una più scura (con un sapore più deciso).

INGREDIENTI

- 450 ml di acqua minerale
- 300 g di farina di teff
- 6 g di sale marino
- olio di girasole q.b.

Temp. finale: 26 °C
Temp. di lievitazione: 20 °C per 2-3 gg.

Pane Injera

PREPARAZIONE

1. Stemperare la farina nell'acqua tiepida formando una pastella omogenea.

2. Coprire con pellicola trasparente e lasciare a temperatura ambiente per almeno 2-3 gg.

3. Trascorsi 2-3 gg. il composto dovrebbe presentare delle bolle in superficie (segno che la fermentazione è in atto). Aggiungere il sale e miscelare.

4. In una padella antiaderente aggiungere il composto e farlo ruotare in modo da distribuirlo bene.

5. Coprire a lasciare cuocere fino a quanto cessa di produrre vapore e cessano di formarsi dei buchi.

6. Cuocere per poco più di un minuto; se dovesse essere troppo spesso, cuocere anche dall'altro lato.

CONSIGLI UTILI

- Per accelerare il processo di fermentazione è possibile usare alcuni starter come lievito di birra, pasta madre, yogurt o lievito per dolci.
- Lo strato di impasto, prima di essere cotto, ha un altezza di 2-3 millimetri.
- La quantità di impasto utilizzata è stata 50 g per una pentola di 19 cm.
- Occorre fare attenzione alla consistenza finale dell'impasto: infatti, se l'impasto è troppo asciutto, non si riesce a distribuire, se è troppo liquido, si rompe.
- Se si usa farina di teff chiara, il sapore del pane sarà meno intenso e più delicato.

Pane 100% grano saraceno

Il pane di grano saraceno è davvero molto particolare, si presenta morbido, molto scuro e con un gusto deciso. Il metodo di preparazione è identico a quello con cui si è fatto il pane di avena e di quinoa, non ci sono grosse differenze, l'unica raccomandazione è di usare preferibilmente farina integrale, la più indicata a generare un impasto sufficientemente legato. Per via dell'alveolatura fine e omogenea, il pane potrebbe sembrare pesante e compatto, ma in realtà è morbidissimo e leggero.

Pane 100% grano saraceno

INGREDIENTI POOLISH

- 400 ml di acqua
- 300 g di farina di grano saraceno integrale
- 5 g di lievito di birra

Temp. finale: 26 °C
Temp. di lievitazione: 22 °C per 6 ore

INGREDIENTI IMPASTO

- 130 ml di acqua
- 100 g di farina di grano saraceno
- 8 g di sale marino grezzo

Temp. finale: 26 °C
Temp. di lievitazione: 22 °C per 30 minuti

PREPARAZIONE

1. Sciogliere il lievito nell'acqua, aggiungere la farina, miscelare e coprire con pellicola trasparente.

2. Trascorse 6 ore, unire gli ingredienti rimasti.

3. Versare nello stampo.

4. Una volta lievitato procedere alla cottura (40-45 minuti a 200 °C).

CONSIGLI UTILI

- Per via del gusto molto intenso di questo pane, è opportuno valutare anche la miscelazione con altre farine senza glutine, come riso, amaranto, miglio ecc.

Capitolo 11
Varie

In questa parte del manuale sono raggruppate alcune ricette particolari che non si annoverano né tra il pane, né tra le pizze/focacce. Sono preparazioni a sé e sono anche presenti due ricette per la pasta fresca, una con un metodo davvero esclusivo, l'altra sfruttando semplicemente la naturale capacità di legarsi che alcune farine senza glutine possiedono (quelle ricche di fibra).

Cracker integrali

I cracker sono dei "biscotti" salati molto sottili, croccanti, saporiti e di facile realizzazione. In questa ricetta li abbiamo preparati usando la farina integrale e il lievito naturale. Le ricette più comuni utilizzano invece farina tipo 0 e lievito di birra (in grosse quantità: dal 4 al 6% sul peso della farina), da cui deriva un profilo nutritivo e un sapore decisamente inferiore.

INGREDIENTI IMPASTO
- 400 g di farina di farro integrale
- 100 g di licoli
- 100 g di farina di segale integrale
- 50 g di semi di sesamo
- 100 g di semi di sesamo
- 40 ml di olio di oliva extravergine
- 12 g di sale marino grezzo
- 10 ml di miele
- 5 g di rosmarino in foglie essiccato

Temp. finale: 26 °C
Temp. di lievitazione: 22 °C per 8 ore

EMULSIONE PER SUPERFICIE

- 20 ml di olio di oliva extravergine
- 20 ml di acqua

Teglia utilizzata: 4 da 30 x 38 cm
Temp. di lievitazione: 26 °C per 15 minuti

Cracker integrali

PREPARAZIONE

1. Sciogliere il lievito madre nell'acqua, inserire la farina, l'olio e incordare; aggiungere quindi il rosmarino e farlo miscelare all'impasto.

2. Spegnere l'impastatrice, aggiungere il seme e miscelarlo a mano.

3. Rovesciare l'impasto sul piano di lavoro infarinato.

4. Stendere con un mattarello.

5. Disporre l'impasto su carta da forno e tagliare i bordi in modo omogeneo.

6. Bucherellare la superficie con una forchetta o un bucasfoglia.

7. Ritagliare i cracker e procedere alla cottura.

8. Al termine ungere la superficie con la salamoia.

CONSIGLI UTILI

- Non è semplice setacciare in casa la farina integrale, in quanto le particelle di crusca possono rimanere nel setaccio (se non ha maglie abbastanza grandi); una possibile alternativa è sbatterla con una frusta.
- Per ottenere una maggiore friabilità è possibile sostituire l'olio dell'impasto con della margarina.
- Il migliore strumento per ritagliare i cracker è la bicicletta; in alternativa va bene la rotella da pizza.
- L'impasto va steso fino a 3 mm di altezza.
- Il tempo di cottura è di circa 25 minuti (in ogni caso finché diventano dorati).

Hamburger di seitan

Questo hamburger fa leccare davvero i baffi e di certo non è da meno a un hamburger di carne, anzi, il gusto è decisamente superiore!

Hamburger di seitan

INGREDIENTI PANINO DA HAMBURGER

- 350 g di farina di farro setacciata
- 180 ml di acqua
- 25 ml di olio di oliva extravergine
- 20 g di semi misti (grano saraceno, girasole, sesamo, zucca, lino)
- 8 g di sale marino grezzo
- 3 g di lievito di birra fresco

Temp. finale: 26 °C
Temp. di lievitazione: 22 °C per 6 ore

INGREDIENTI HAMBURGER

- 100 g di seitan di farro
- 25 ml di acqua
- 10 g di farina di pomodoro
- 2 g di sale marino

PREPARAZIONE

Sciogliere il lievito madre nell'acqua e aggiungere la farina setacciata miscelata al sale, lavorare gli ingredienti fino a quanto l'impasto inizia a legarsi.

A questo punto aggiungere l'olio, farlo assorbire e proseguire fino a quando l'impasto è liscio e omogeneo. Coprire e lasciar lievitare.

Arrotolare l'impasto e intrappolarlo tra due supporti, lasciarlo lievitare 30 minuti. Procedere alla cottura.

1. Impasto ultimato.   **2.** Porzionamento.

3. Arrotolamento.

4. Bagnatura della superficie.

5. Aggiunta semi di sesamo.

6. Macinazione seitan con aggiunta di salsa di pomodoro.

7. Cottura ultimata dell'hamburger.

8. Farcitura.

CONSIGLI UTILI

- La caratteristica di questo pane è la superficie liscia e omogenea: priva di spaccature. Per fare in modo che venga tale è necessario abbondare con il vapore in cottura, non aprire il forno e non dare eccessiva forza all'impasto. Bisogna inoltre fare lievitare a lungo le forme e poco l'impasto principale.
- La farina di pomodoro è un'alternativa pratica al concentrato di pomodoro; tuttavia, chi ne fosse sprovvisto può semplicemente sostituire la farina e l'acqua di idratazione della stessa (25 ml) con 35 ml di concentrato di pomodoro.
- Il seitan di farro può essere sostituito con seitan di frumento o di Kamut®.

Kebap vegan

Da diversi anni si è diffusa questa specialità di origine turca, costituita da carne di agnello, pollo e vitello. Molti ritengono che il kebap sia un alimento di qualità scadente, come gli hamburger, ma, al di là del fatto che sia vero o meno, dal momento che è possibile farselo in casa con ingredienti di prima qualità e, in particolar modo, con ingredienti totalmente vegetali come il seitan, il problema non si pone!

Qualcuno pensa che non sia buono come quello originale? Beh, in realtà questo kebap è deliziosissimo, così buono da indurre i carnivori a ricredersi!

Kebap vegan

INGREDIENTI PIADINA ARROTOLATA (PER 3 PIADINE)
- 160 ml di acqua tiepida
- 120 g di farina di frumento tipo 2
- 30 ml di licoli
- 5 ml di olio di oliva extravergine
- 3 g di sale marino integrale

Temp. finale: 26 °C
Temp. di lievitazione: 22 °C per 12 ore

INGREDIENTI SEITAN
- 85 ml di acqua bollente
- 50 g di glutine in polvere
- 20 g di farina di lupino
- 20 ml di salsa di soia
- spezie q.b.

INGREDIENTI SALSA TZATZIKI
- 80 ml di yogurt di soia
- 1 cucchiaino di succo di limone
- 1/2 spicchio di aglio pelato
- 1/3 di cetriolo
- 1 cucchiaino di olio di oliva extravergine
- 1/2 cucchiaino di aneto fresco oppure 1/2 di aneto
- sale e pepe q.b.

PREPARAZIONE SALSA TZAZIKI

Pelare il cetriolo, rimuovere i semi e la parte molle (in modo da non rendere la salsa troppo acquosa). Mixare gli ingredienti adeguatamente, versarli in un contenitore e lasciarli per alcune ore a riposare (affinché gli aromi si distribuiscano).

PREPARAZIONE PIADINA

Sciogliere il licoli nell'acqua, aggiungere l'olio, il sale e la farina, miscelare. Coprire e lasciar lievitare. Scaldare una padella antiaderente, versarvi l'impasto facendo ruotare la pentola per distribuirlo molto bene, cuocere per 2-3 minuti da un lato, capovolgere e cuocere per altri 2-3 minuti. Riporre le piadine in un canovaccio e coprire.

PREPARAZIONE SEITAN

Miscelare tutte le polveri in un contenitore, portare a ebollizione l'acqua miscelata alla salsa di soia e aggiungere alle polveri. Impastare.

Una volta raffreddato, tagliare a fettine piccole e dorare in padella con un filo d'olio.

PREPARAZIONE HAMBURGER

Stendere un foglio di alluminio e riporre la piadina sullo stesso, distribuire la salsa tzaziki, il pomodoro a fette, la cipolla, il seitan passato in padella e la lattuga. Spostare la piadina su un lato, arrotolare e chiudere sul fondo.

1. Salsa tzaziki pronta.

2. Piadina cotta da un lato e ruotata.

3. Miscelazione ingredienti per seitan.

4. Seitan ultimato.

5. Doratura seitan in padella.

6. Farcitura kebap con seitan, pomodoro e cipolla.

7. Doratura seitan in padella.

8. Farcitura kebap con seitan, pomodoro e cipolla.

CONSIGLI UTILI

- Il tempo di cottura della piadina dipende dallo spessore e dalla temperatura, tuttavia la cottura ultimata si capisce dal fatto che la piadina presenta una doratura a macchia di leopardo.
- Il kebap può essere passato ancora alcuni minuti in forno prima di consumarlo per riscaldarlo un po'.
- La quantità di salsa tzatziki ottenuta con gli ingredienti indicati è piuttosto abbondante, quindi è possibile che ne avanzi un po'.
- La stessa ricetta può essere fatta con il pane pita, semplicemente facendo un impasto asciutto, come quello tradizionale (idratazione 60%), formando poi delle palline che si schiacciano con il mattarello. Il pane viene quindi tagliato a metà e farcito.

Fette biscottate ai cereali

Si tratta di una preparazione che entra a far parte di molte "colazioni" italiane e non solo, costituita però solitamente da farine, zuccheri raffinati e grassi vegetali poco salutari. In questa ricetta si è invece voluto optare per una preparazione in chiave salutistica con pochi ingredienti, ma buoni.

Fette biscottate ai cereali

INGREDIENTI BIGA

- 300 g di farina di farro setacciata
- 150 ml di acqua
- 4 g di lievito di birra fresco

Temp. finale: 20 °C
Temp. di lievitazione: 20 °C per 8 ore

INGREDIENTI IMPASTO FINALE

- 90 ml di acqua
- 80 ml di succo d'agave
- 50 g di farina di farro integrale
- 40 g di olio di oliva extravergine

- 40 g di burro di cacao
- 25 g di farina di orzo
- 25 g di farina di segale
- 25 g di farina di grano saraceno
- 25 g di semi di sesamo
- 2 g di lievito di birra fresco

Temp. finale: 26 °C
Temp. di lievitazione: 28 °C per 2 ore

PREPARAZIONE

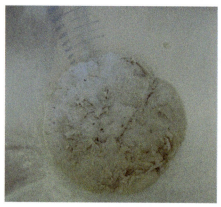

1. Miscelare il lievito di birra con l'acqua, aggiungere la farina e miscelare.

2. Miscelare la biga matura con il succo d'agave, il lievito di birra e l'acqua, aggiungere quindi le farine e incordare.

3. Aggiungere a questo punto il burro di cacao sciolto nell'olio extravergine.

4. Farlo assorbire e aggiungere il sesamo.

5. Arrotolare l'impasto su se stesso e inserirlo nello stampo precedentemente oliato.

6. Una volta lievitato, cuocere a 200 °C per 20 minuti, togliere il coperchio e cuocere per altri 30 minuti. Togliere dallo stampo e cuocere per 10 minuti con il forno in fessura.

7. A cottura ultimata attendere che si raffreddi e porzionare.

8. Inserire le fette sulla griglia del forno e tostare a 170 °C per 30 minuti, sempre con il forno in fessura.

CONSIGLI UTILI

- L'olio e il burro di cacao miscelati vanno impiegati quando raggiungono la temperatura ambiente.

Pane multicereali gluten free

Questa ricetta è estremamente facile ma allo stesso tempo crea un pane di qualità davvero eccezionale, lievitato a lungo e buono.

Il metodo di preparazione è analogo a quello con cui si fanno i pancake americani, con l'unica differenza che questo pane è salato, i pancake sono dolci!

Pane multicereali gluten free

INGREDIENTI PRIMO IMPASTO

- 200 g di farina di fagioli precotta
- 300 ml di acqua
- 1 g di lievito fresco

Temp. finale: 26 °C
Temp. di lievitazione: 20 °C per 6 ore

INGREDIENTI SECONDO IMPASTO

- 500 ml di acqua
- 100 g di farina di amaranto

- 100 g di farina di riso
- 100 g di farina di riso nero
- 100 g di semi misti (lino, sesamo tostato, girasole tostato, zucca tostata, grano saraceno tostato)
- 10 g di sale marino

Temp. finale: 26 °C
Temp. di lievitazione: 20 °C per 3 ore

PREPARAZIONE

1. Sciogliere il lievito di birra nell'acqua, aggiungere la farina di fagioli e impastare.

2. Una volta raddoppiato il volume iniziale...

3. ... miscelare con gli ingredienti del secondo impasto...

4. ... fino a ottenere un impasto omogeneo.

5. Non appena l'impasto è aumentato di volume (circa il 20%)...

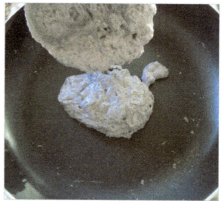

6. ... versarlo in padella al centro.

7. Ruotare la pentola e cuocere a fuoco alto per 3 minuti.

8. Capovolgere e cuocere a fuoco basso tra 12 e 15 minuti.

Grissini ceci e riso

Il sapore di questi grissini è formidabile, sono decisamente più buoni dei grissini tradizionali, con il vantaggio di essere però senza glutine e con una farina proteica come quella di ceci. Quest'ultima, oltre a conferire un modesto apporto proteico, li rende ancora più gustosi: la farina di riso è particolarmente insipida impiegata da sola.

INGREDIENTI

- 200 g di farina di riso
- 50 g di farina di ceci
- 240 ml di acqua

- 5 g di sale marino
- 3 g di lievito fresco

Temp. finale: 22 °C
Temp. di lievitazione: 22 °C per 6 ore

Grissini ceci e riso

PREPARAZIONE

1. Miscelare gli ingredienti fino a quando si è ottenuto un impasto omogeneo.

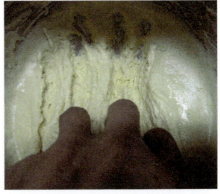

2. Coprire e lasciar lievitare (la lievitazione non farà sviluppare l'impasto in altezza ma si creeranno degli alveoli all'interno).

3. Riempire un sac à poche.

4. Distribuire l'impasto su carta da forno.

5. Distribuire il papavero e cuocere su teglia, in forno, a 200 °C per 15 minuti.

CONSIGLI UTILI

- La carta da forno deve essere perfettamente liscia e non presentare pieghe, diversamente i grissini si rompono in cottura.
- La temperatura di cottura indicata è quella ideale per il forno che si è utilizzato per realizzare questa ricetta; forni diversi potrebbero richiedere temperature diverse. Tuttavia, ciò che è fondamentale è usare una temperatura che permetta ai grissini di formare rapidamente una crosticina dorata sulla superficie: non vanno cotti lentamente, altrimenti si rompono.
- Si possono anche fare ulteriormente lievitare i grissini formati ma non si ottiene uno sviluppo maggiore, se non marginalmente, in quanto l'impasto è troppo morbido (si appiattiscono).
- La farina di ceci può essere sostituita con quella di soia, di fagioli, di lupini o di lenticchie.
- Questi grissini possono essere cotti anche direttamente su una teglia rovente, anzi in tal caso è ancora meglio perché diventano più rotondi.

Grissini 100% amaranto senza lievito

Questi grissini sono preparati con l'ausilio di farina di amaranto integrale con aggiunta di semi di sesamo, senza lievito (biologico) di alcun genere, ma con il bicarbonato di sodio.

Lo scopo di questa ricetta è mostrare come sia possibile ottenere dei grissini deliziosi pur non usando farine con glutine e lievito di birra. Allo stesso tempo si vuole mostrare come potersi preparare in casa un lievito "chimico" da utilizzare poi in qualunque preparazione, in particolar modo i dolci.

Il bicarbonato di sodio è un ottimo (e naturale) agente lievitante: quando viene a contatto con un liquido reagisce rilasciando anidride carbonica. Quello che bisogna però sempre fare è combinare una sostanza acida (limone, aceto, yogurt ecc.) per fare in modo che i residui della reazione (sali), vengano neutralizzati (diversamente la preparazione presenterà un gusto sgradevole).

Ecco come ottenere un cucchiaino di lievito casalingo: mescolare ¼ di cucchiaino (1-2 g) di bicarbonato di sodio con ¾ di cremore di tartaro; oppure ¼ di cucchiaino di bicarbonato con 125 g di yogurt; o ancora, ¼ di cucchiaino di bicarbonato con ½ cucchiaino di aceto o succo di limone e 100 g di latte.

La dose per far lievitare 225 g di farina è mediamente 1 cucchiaino (5 g) di bicarbonato e 2 cucchiaini di cremore di tartaro.

Grissini 100% amaranto senza lievito

INGREDIENTI

- 500 g di farina di amaranto
- 290 ml di acqua fredda
- 10 ml di aceto di mele
- 10 g di sale marino
- 10 g di bicarbonato di sodio
- 5 g di zucchero di canna

PREPARAZIONE

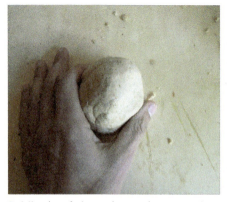

1. Miscelare farina, sale, zucchero e aggiungere l'acqua. Lavorare l'impasto finché è liscio e omogeneo.

2. Formare un filoncino.

3. Tagliare l'estremità.

4. Arrotolare formando un bastoncino di circa un centimetro.

5. Distribuire su una teglia rivestita di carta da forno e cuocere 20 minuti a 200 °C.

CONSIGLI UTILI

- Il bicarbonato di sodio esplica il suo potere lievitante in pochissimo tempo, per questo non è possibile attendere molto tempo dall'ultimazione dell'impasto alla cottura: va fatta immediatamente in un'unica infornata. In alternativa si impiega una polvere lievitante per dolci che solitamente svolge la sua funzione lievitante in forno (l'importante è che non sia vanigliata), anche se la polvere per dolci è comunque piuttosto veloce.
- La consistenza finale dell'impasto è fondamentale; se si ottiene un impasto più solido, tutti i grissini saranno, come conseguenza, crepati in superficie.

Trofie 100% farina di ceci

Gran parte della pasta senza glutine che si trova in commercio è quella di mais, di riso o miscele di amidi che creano una pasta spesso poco gradevole, mentre sarebbe possibile preparare una pasta eccezionale usando farine proteiche (soia, fagioli, lenticchie, piselli, lupino ecc.), denaturate con il calore. La denaturazione è un procedimento molto semplice: basta scaldare la farina per almeno 2 ore (al massimo 3) in forno a 90 °C. Con questo processo si ottiene lo srotolamento della struttura proteica, che permette a tale struttura di acquisire una nuova forma in cui le proteine si sono intrecciate a formare una pseudo maglia glutinica.

Questo procedimento di denaturazione è stato ispirato da una ricetta presente sul libro Cassi D., Bocchia E., *Il gelato estemporaneo e altre invenzioni gastronomiche*, Sperling & Kupfer, Milano.

INGREDIENTI

- 150 g di farina di ceci (140 g dopo essiccatura)
- 70-80 ml di acqua

Trofie 100% farina di ceci

PREPARAZIONE

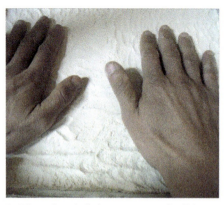

1. Distendere la farina su una teglia (32 x 26 cm) e infornare per 3 ore a 90 °C.

2. Aggiungere l'acqua e impastare.

Varie

3. Una volta denaturata la farina in forno, impastarla con l'acqua fino a formare una pallina consistente.

4. Formare dei salsicciotti di 1 cm di diametro.

5. Tagliare dei pezzettini da 1 cm.

6. Arrotolarli formando una biglia.

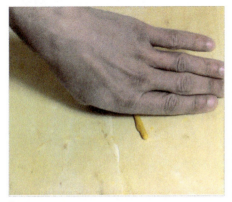

7. Appiattirla con una mano.

8. Con la spatola inclinata formare (facoltativamente) le righe caratteristiche.

9. Eccole ultimate.

CONSIGLI UTILI

- Lo spessore della pasta e la larghezza si possono variare a proprio piacimento. La pasta di ceci è estremamente modellabile e non presenta problemi.
- Il tempo di cottura è pochi minuti: 3-4. Attenzione che non ci sia dell'impasto crudo, poiché i legumi (e la farina) crudi sono altamente indigeribili.
- Anche per questa pasta è necessario prestare attenzione alla schiuma che si forma in cottura.

Orecchiette 100% farina di fave

Questa pasta molto gradevole e senza glutine si ottiene semplicemente grazie alla cospicua presenza di fibre che le fave e la farina di fave hanno naturalmente, senza aggiunta di addensanti e senza alcuna denaturazione in forno, come si è fatto prima.

INGREDIENTI

- 180 g di farina di fave
- 80-85 g di acqua a temperatura ambiente

Varie

Orecchiette 100% farina di fave

PREPARAZIONE

1. Miscelare la farina.

2. Formare dei filoncini da 1,5 cm.

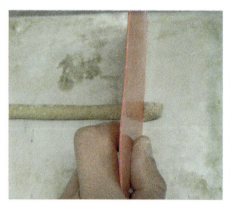
3. Tagliare dei pezzettini da circa 1 cm.

4. Con un coltello a punta arrotondata premere il centro e tirare verso di sé.

5. Mettere l'impasto sul dito pollice e allungare.

CONSIGLI UTILI

- Le orecchiette vanno infarinate molto (con farina di fave), affinché non rimangano incollate alle mani.
- Questo procedimento può essere usato per qualunque tipo di pasta fresca.
- Il tempo di cottura dipende dal formato, in ogni caso indicativamente è sui 15 minuti.
- Per via della presenza di proteine è necessario modulare la temperatura dell'acqua di cottura affinché la schiuma che si formerà non esca.

Panettone senza glutine

Tra le preparazioni da forno più complesse si annovera certamente il panettone, una preparazione di pasticceria lievitata che richiede molta esperienza. Questa complessità, però, è curiosamente superata con questa ricetta, grazie alla quale si ottiene comunque un panettone buonissimo ma soprattutto senza glutine!

Panettone senza glutine

INGREDIENTI PRIMO IMPASTO

- 375 g di latte di soia
- 250 g di farina di riso
- 50 g di farina di lupino
- 50 g di zucchero di canna
- 1 g di lievito di birra fresco

Temp. finale: 20-22 °C
Temp. di lievitazione: 18 °C per 12 ore

INGREDIENTI SECONDO IMPASTO

- 250 ml di latte di soia
- 120 g di zucchero di canna

- 70 g di uvetta sultanina
- 70 g di cioccolato fondente
- 50 g di farina di riso
- 50 g di farina di lupino
- 30 ml di olio di oliva extravergine
- 10 g di estratto di vaniglia (o 1 bacca)
- 6 g di gomma di guar
- 3 g di sale marino
- 2 g di olio essenziale di arancio
- 1 g di lievito di birra fresco

Temp. finale: 26-28 °C
Temp. di lievitazione: 30 °C per 15-20 minuti

PREPARAZIONE

Miscelare le farine, lo zucchero, il lievito e aggiungere il latte. Coprire e lasciar lievitare. In un pentolino portare a ebollizione il latte del secondo impasto con lo zucchero, l'uvetta e l'estratto di vaniglia, raffreddare a bagnomaria e aggiungere agli ingredienti del secondo impasto (miscelati precedentemente). Una volta che il composto è omogeneo, versare nello stampo e porre a lievitare a 28-30 °C per 15-20 minuti. Procedere alla cottura: portare il forno a 250 °C, infornare e abbassare a 180 °C, cuocere per 30 minuti e mettere quindi il forno in fessura per altri 30 minuti. Verificare che sia cotto con la prova stecchino; nel caso l'esito fosse negativo (stecchino sporco di impasto) si prosegue la cottura, diversamente si preleva dal forno, si ruota e si infilza con le apposite forche. Si farà poi raffreddare per circa 2 ore a 10-12°C. Glassare con il cioccolato in tempera, decorare con zucchero in granella.

1. Primo impasto ultimato.

2. Impasto lievitato.

Varie

3. Bollitura latte con vaniglia e uvetta.

4. Aggiunta polveri.

5. Aggiunta olio.

6. Inserimento impasto nello stampo.

7. Verifica livello impasto.

8. Impasto pronto per essere cotto.

9. Raffreddamento.

10. Distribuzione cioccolato.

11. Distribuzione granella di zucchero.

CONSIGLI UTILI

- Verificare con attenzione la cottura; se è insufficiente, il panettone si rompe quando viene capovolto.
- Le gocce di cioccolato vanno tenute in congelatore prima di essere usate.
- Come tutti gli impasti senza glutine, anche in questo è fondamentale che la consistenza finale sia identica a quella dell'immagine.
- La lievitazione finale si fa in forno con una pentola piena d'acqua bollente.
- Il sapore di questo panettone è conferito in prevalenza dall'olio essenziale di arancia; per tale motivo è opportuno utilizzarlo per un buon risultato finale.

Bibliografia

Lovato G., 2012, *Quinoa*. Corso di Laurea in Scienze e tecnologie alimentari, Università degli studi di Padova.

Lauri S., 2012, *Pane e pizza: due mondi un'unica passione*, FIP, Messina.

Bongiovanni A., 2009, *Prodotti naturali dalla A alla Z*, Tecniche Nuove, Milano.

Bongiovanni A., 2010, *Tutto sul pane fatto in casa*, Tecniche Nuove, Milano.

Bongiovanni A., 2012, *Io Mangio bio*, Arabafenice, Boves.

Bongiovanni A., 2013, *Prodotti naturali fai da te*, Tecniche Nuove, Milano.

Bongiovanni A., 2013, *Ciò che conta: riflessioni sui valori dell'esistenza*, stampato in proprio, Villanova Mondovì.

Gobbetti M., Corsetti A., 2009, *Biotecnologia dei prodotti lievitati da forno*, Cea, Milano.

Bressanini D., 2013, *Le bugie nel carrello*, Chiarelettere, Milano.

Cassi D., Bocchia E., *Il gelato estemporaneo e altre invenzioni gastronomiche*, Sperling & Kupfer, Milano.

Seyfu Ketema, 1997, *Tef - Eragrostis Tef (Zucc.)*, International Plant Genetic Resources Institute.

Lahey J., Flaste R., 2013, *Pane senza impasto*, Guido Tommasi Editore, Milano.

Boggini G., Cattaneo M., Corbellini M., Perezin M., Brondolini A., Vaccino P., *Le varietà di frumento tenero costituite da Nazareno Strampelli*, C.r.a, Lodi.

Dinelli G. et ali, 2009, *Pane della salute: progetto di filiera corta per la valorizzazione di antiche accessioni di frumento tenero*, Dipartimento di Scienze agrarie, Bologna.

Slow food, *La riscoperta dell'amaranto*, Bra.

Gallagher E., 2009, *Gluten-Free food Science and Technology*, Wiley Blackwell, United Kingdom.

Gobbetti M., Corsetti A., 2010, *Biotecnologie dei prodotti da forno*, Ambrosiana, Milano.

Gandelli G., 2002, *Appunti di botanica*, stampato in prorpio, Brescia.

Sitografia

www.profumifalforno.it

http://vivalafocaccia.com/

http://laconfraternitadellapizza.forumfree.it/

http://www.profumidilievito.it

http//pizza-agora.forumfree.it/

www.sapsitalia.com

http://blog.moebiusonline.eu/

DELLO STESSO AUTORE

Prodotti naturali fai da te

In tempi di crisi fiorisce il faidate e l'autore ci spiega come, producendo in casa alcuni alimenti base (in questo caso della cucina vegetariana e naturale), il risparmio annuale per una famiglia di 4 persone sia superiore a uno stipendio medio mensile. Il testo, oltre a descrivere contenuti e valori nutrizionali dei diversi alimenti e le basi tecniche per la loro produzione, insegna passo passo come preparare alcuni alimenti naturali come i derivati della soia, dal latte allo yogurt, dal tofu al tempeh, passando poi al seitan e ai germogli. Oltre alla soddisfazione personale e al risparmio economico, un altro indubitabile vantaggio del faidate in cucina è quello di assicurarsi un prodotto più fresco e di cui si conoscono le materie prime utilizzate.

ISBN: 978-88-481-2959-6
128 pagine
9,90 €

Prodotti naturali dalla A alla Z

Dall'aceto di mele allo yogurt di soia, passando per le alghe, gli alimenti macrobiotici e orientali: il libro è un inventario di tutti i prodotti reperibili sul mercato dell'alimentazione naturale (compresi ovviamente i cereali o legumi e i loro derivati) con la descrizione in breve delle loro caratteristiche merceologiche, nutrizionali, di provenienza e la spiegazione di quali sono i loro effetti benefici nella dieta quotidiana. Una guida utilissima per orientarsi tra gli scaffali dei negozi bio al momento della spesa, ma anche per imparare a migliorare la propria alimentazione, cominciando dalla base: le materie prime. Il libro si compone di schede in ordine alfabetico, ma contiene anche un ricettario che spiega come usare i prodotti descritti nelle schede.

ISBN: 978-88-481-2406-5
144 pagine
9,90 €

Tutto sul pane fatto in casa

I problemi del pane moderno sono noti: farine inadeguate che richiedono l'uso di additivi, lievitazione frettolosa, con il risultato di un prodotto che dura poco, non ha un buon sapore, e per di più ha un indice glicemico elevato. Come rimediare? Da un lato imparando a conoscere come si fa il pane in modo da acquistare il prodotto giusto, dall'altro cominciando a farselo a casa da sé. La prima parte del libro affronta la tecnica di panificazione artigianale, spiegando i differenti metodi e gli indici di qualità, aiutando quindi il lettore a comprendere a fondo i vari procedimenti e le differenze tra i pani in commercio, differenze che stanno soprattutto nelle materie prime utilizzate e nelle tecniche di lievitazione. Nella seconda parte invece troverete molte ricette per farsi il pane a casa propria, con la macchina del pane o nel forno normale da cucina, dal pane tradizionale, ai grissini, ai pani dolci. Chi già pratica la panificazione casalinga, troverà in questo testo numerosi spunti per approfondire meglio la propria tecnica e per riconoscere e correggere gli errori in cui potrebbe essere incorso.

ISBN: 978-88-481-2559-8
128 pagine
9,90 €

DELLO STESSO EDITORE

Ironico e diretto, questo libro è stato creato pensando che mettersi a tavola debba restare un piacere sempre, per il palato e per lo spirito. E nel farlo risponde anche a tre domande.

Cosa sto mangiando?
Viene spiegata la capacità degli alimenti, precisamente dei loro componenti, di creare sinergie a favore o a sfavore dello stato di buona salute. Con un registro informale porta il lettore dentro ai processi e ne spiega in modo semplice e chiaro i meccanismi.

Cosa posso cambiare?
Concretizza quanto spiegato illustrando alcune ricette create nell'assoluto rispetto delle indicazioni date. La rigida adesione alle indicazioni del Fondo Mondiale per la Ricerca sul Cancro vuole essere una testimonianza di quanto, anche senza sgarro alcuno, si possano ottenere risultati soddisfacenti il palato e la vista.

Come posso cambiare?
L'invito che si compie non è tanto legato a un cambiamento rapido e radicale, quanto al tentativo di introdurre gradualmente, nella propria mente oltre che nel proprio piatto, abitudini alimentari che siano di aiuto a eliminare la propria dieta dalle variabili di rischio per la salute.

I contenuti di carattere scientifico sono supervisionati da una biologa specialista in Scienze dell'alimentazione.

22,90 euro 192 pagine - ISBN 978-88-481-3077-6

Come Ordinare
web www.tecnichenuove.com
e-mail vendite-libri@tecnichenuove.com
telefono 0239090440 fax 0239090335

DELLO STESSO EDITORE

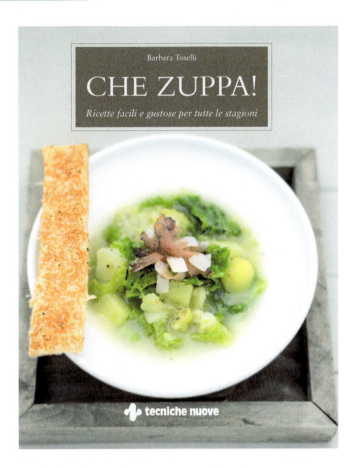

Se siete tra coloro che hanno sempre pensato alla zuppa come a un piatto tipicamente invernale, questo libro vi farà cambiare idea.

In questo volume troverete tante idee per cucinare zuppe facili e gustose durante tutto l'anno, dalle più leggere a quelle più complete, da quelle più tradizionali a quelle più curiose, passando dalle eleganti vellutate, alle fresche zuppe estive, alle minestre più confortevoli e genuine perfette per i mesi più freddi.

Zuppe adatte a ogni tipo di occasione: per una cenetta intima, ideali da preparare in anticipo per una serata con molti ospiti, per il pranzo di tutti i giorni o per un'occasione speciale.

24,90 euro 208 pagine - ISBN 978-88-481-3051-6

Come Ordinare
web: www.tecnichenuove.com
e-mail: vendite-libri@tecnichenuove.com
telefono 0239090440 fax 0239090335

Il mensile che insegna a mangiare con gusto e salute

**Abbonamento annuale (11 numeri)
27 euro**

Per abbonarsi:
abbonamenti@tecnichenuove.com
tel. 0239090440 - fax 0239090335

www.tecnichenuove.com